U0872768

中国旅游发展·北京对话 2023

程维　主编
吕宁　李树红　副主编

DEVELOPMENT OF TOURISM IN CHINA · BEIJING DIALOGUE 2023

旅游教育出版社
·北京·

图书在版编目（CIP）数据

中国旅游发展 ：北京对话. 2023 / 程维主编. --
北京 ：旅游教育出版社，2024.4
ISBN 978-7-5637-4715-3

Ⅰ. ①中… Ⅱ. ①程… Ⅲ. ①旅游业发展—研究—北京—2023 Ⅳ. ①F592.71

中国国家版本馆CIP数据核字(2024)第078731号

中国旅游发展·北京对话 2023
程维　主编
吕宁　李树红　副主编

责任编辑	陈　志
出版单位	旅游教育出版社
地　　址	北京市朝阳区定福庄南里 1 号
邮　　编	100024
发行电话	（010）65778403　65728372　65767462（传真）
本社网址	www.tepcb.com
E - mail	tepfx@163.com
排版单位	北京旅教文化传播有限公司
印刷单位	唐山玺诚印务有限公司
经销单位	新华书店
开　　本	710 毫米 ×1000 毫米　1/16
印　　张	8.5
字　　数	94 千字
版　　次	2024 年 4 月第 1 版
印　　次	2024 年 4 月第 1 次印刷
定　　价	69.00 元

（图书如有装订差错请与发行部联系）

前言

由北京第二外国语学院主办的“中国旅游发展·北京对话”，自2004年首次举办以来，至今年已累计举办了18届，始终围绕国家及首都旅游业发展的重大理论与现实问题，聚焦文化和旅游产业实践前沿与研究热点，汇聚高水平资源，开展前沿对话研讨，发布年度系列报告，已经成为引领全国文化和旅游业发展方向的高端论坛。《中国旅游发展·北京对话2023》以“文旅深度融合与高质量发展”“入境旅游与世界级旅游目的地建设”“文旅发展促进北京国际消费中心城市建设”“数字文旅与创新实践”等为议题，通过主旨演讲、圆桌对话等形式，以期奉上“有理论深度、有实践思考”的文化和旅游领域年度盛宴。

主旨演讲环节，中国国际公共关系协会副会长、北京第二外国语学院旅游科学学院名誉院长吴文学，以“把握新趋势 发展新文旅”为题，指出一是要践行国家战略，释放文旅潜力；二是顺应新时代，定位新文旅；三是构建新格局，厘清新趋势；四是践行发展战略，实现文商旅融合发展；五是要满足新消费，对文旅品牌集成做出新指向，提出应加速文商旅产业的基座构建、品牌塑造、渠道升级、场景革命，以培育新型消费、创建消费场景、促进消费升级。中国社科院旅游研究中心特约研究员高舜礼，以“对恢复与提振入境旅游的几点思考”为演讲题目，提出加快恢复与提振旅游：一是要统筹发挥政府作用和市场机制作用；二是将旅游形象宣传纳入外宣计划，借助省级、全国性的重大活动和事件宣传，提升我国旅游形象传播水平；三是提出研究激励入境旅游的工作抓手，通过系列工作项目如参与国际旅游城市、国际旅游度假区、国际旅游商贸城市等评选工作，提高我国旅游目的地的国际知名度；四是探索融合性的宣传推介方式，发挥国际贸易对旅游的宣传作用。中央财经大学文化经济研究院院长、龙马学者特聘教授、文化和旅游部研究基地首席专家魏鹏举教授以“传统文化激发消费活力”为题，围绕旅游人数及消费降级、城乡文旅收入与消费二元化分化、现象级淄博烧烤事件、演出市场的火爆与畸形以及文旅消费市场不及预期等表达观点，提出“两创”激活内外文化需求的观点，并详细介绍了几个典型的有关传统文化消费、新兴文化消费及数字文化贸易的案例，提出“国潮”带动国民综合消费的观点。北京第二外国语学院旅游科学学院教授、首都文化和旅游研究院院长、北京旅游发展研究基地首席专家厉新建教授以“热闹的旅游话题，理性的观察思考”为题，提出旅游恢复性增长形势良好，但增长通道修复时间还长，可持续性还有待观察；如何从现象级热点推动意义感的丰富是网红发展模式下共同富裕的重要任务；对于沉浸式体验要着重关注内容沉浸、文化沉浸；人们对如何讲好中国故事的关注度明显不够；规范性讲解是共性认知的前提，共性认知是文化认同、国家认同的重要基础等观点。针对消费存在的问题，希望旅游企业能够改进旅游产品、旅游服务，指出人们在消费的过程中能够找到一些意义，希望每个人都能成为一个有文化的人。

圆桌论坛（一）主题为文旅深度融合与高质量发展。北京市房山区文化和旅游局副局长高峰围绕文旅融合的定义和范围、文旅融合中市场主体的缺失与激活、人才的引进与培养等问题进行了介绍，并提出文旅融合在文化传播方面起到的重要作用。首都师范大学首都旅游研究院院长陶犁教授以“文化廊道”为例，提出要针对北京四个中心建设的发展定位以及北京文旅融合发展的强大基础，让新时代的文旅产业融合发展服务对接国家重大战略；依靠北京三个文化带建设，大力发展环北京文化游憩带；拓展在文化廊道体系下的研究应用的深度和广度以及尺度范围。国艺中联科技集团董事长刘兵围绕文旅融合项目中的关键点从文化定位、客群年龄定位、空间范围定位、类别定位来展开讲述。北京九鼎辉煌旅游发展研究院院长朱万峰教授从旅游规划的角度将文旅融合概括为颠覆式创意、沉浸式体验、年轻化消费，并指出情绪价值的重要性，进一步提出文旅融合是好故事和好风景的关系，指出文旅深度融合能够促进旅游业高质量发展。北京第二外国语学院旅游科学学院李彬教授用"APM"进行概括总结，指出在"以文塑旅，以旅彰文"的指引下，通过旅游的文化化和文化的旅游化两种路径来实现旅游高质量发展，并认为政府通过政策创新、体制机制创新、营商环境优化来确保资金、人才、技术等能够赋能文旅深度融合。

圆桌论坛（二）主题为文旅发展促进北京国际消费中心城市建设。中国社会科学院财经战略研究院旅游与休闲研究室主任、北京旅游学会副会长戴学锋教授通过对政策的演变和我国旅游发展的历程的回顾，指出了北京在整个中国旅游发展当中的重要位置，以及北京旅游面临的机遇和挑战，是北京国际消费中心建设过程中需要思考的重大问题。北京市社会科学院国际问题研究所所长刘波教授从国际消费中心建设过程中文旅国际高端要素中存在的问题以及在全球要素聚集和能力方面存在的差距这一问题展开分享，指出入境游是国际消费中心建设非常重要的指标，北京国际消费中心建设要吸引国际高端元素集聚，提供国际语言环境和国际化服务。中国旅游研究院国际研究所（港澳台研究所）所长杨劲松教授认为：第一，北京文旅发展要有成熟的路径，需要形成成熟的模式，不断探索北京独特的文旅发展道路；第二，要把北京的优势凸显出来，形成压倒性的优势；第三，要着力改善诸如便利度、语言等影响游客到访的相关因素。腾讯音乐娱乐集团公共事务部总监牛鸿飞认为数字化和创新的文旅消费模式对建设北京或者其他国际消费中心城市均可增添诸多吸引力，腾讯音乐娱乐集团将文旅消费场景与国际消费城市中心建设相结合，采取多元化的手段、更高新的技术和更好的服务来推动我国社会经济的发展。北京第二外国语学院旅游科学学院谷慧敏教授用“三度三实”进行总结，提出北京不是简简单单国际大都市的复制，或者简简单单的翻版，北京走在了一条创新引领之路上，而这条路能否实现关键在于人才。

圆桌论坛（三）主题为入境旅游与世界级旅游目的地建设。北京联合大学旅游学院曾博伟教授针对“中国入境旅游市场当前的战略功能与发展定位”这一问题，表示入境旅游是市场“活水”，要重视入境旅游的独特作用，加大对入境旅游的关注度；故宫博物院研究馆员徐婉玲提出故宫博物院非常关注入境旅游市场，并提出“立足故宫、放眼全国、面向世界”的发展布局；北京体育大学体育休闲与旅游学院蒋依依教授表示，入境旅游是复合性市场，承担了建立中国现代旅游产业体系的基础性功能，当前与未来还承载着如何“讲好中国故事”的责任使命；中青旅国际旅游有限公司入境在线暨目的地海外营销事业部副总经理许二荣表示，入境旅游是建立世界一流企业与知名旅游企业必须迈过的关卡；北京第二外国语学院旅游科学学院宋昌耀副教授认为，入境旅游目前受到更多关注，是由于入境旅游的恢复速度和规模相对较慢，综合当下环境来看需要通过新思路与新模式，以更好发挥入境旅游的市场作用。点评嘉宾北京交通大学经济管理学院殷平教授提出建设“世界级旅游目的地”时需要关注入境游客所关注的现实问题，特别是国际交通可达性的现实问题，以及需要关注新时期中国入境客源市场结构可能面临的新变化、潜藏在这些新变化背后的新机遇，以及用全面、辩证、长远的眼光分析当前中国入境旅游发展的整体外部环境与国际经济形势，努力践行“在危机中育新机、于变局中开新局”。

圆桌论坛（四）主题为数字文旅与创新实践。北京工商大学国际经管学院黎巎教授首先围绕智慧旅游方面相关标准的全国建设情况做了简单介绍，并指出国家标准和行业标准是促进智慧旅游更好发展的重要路径。北京市文化和旅游局科技教育处三级调研员刘天龙从政府视角介绍了北京数字文旅正在开展的重点工作和重要思路，包括针对面向游客和政府端所建立的数字文旅服务、数字文旅治理等方面重要平台建设情况。携程研究院秘书长孙博文根据平台数据情况介绍了今年来文化和旅游市场的复苏情况和重点趋势，并重点分析了目前旅游市场的重点和热点情况。路书（北京）科技有限公司CEO程小雨从中小创业企业视角介绍了市场主体的关注，疫情后应更加关注个性化、场景化、数字化的文旅沉浸式体验项目，并介绍了路书目前正在参与和推进的数字文旅消费类项目情况。点评嘉宾首都经济贸易大学管理学院院长助理李云鹏教授认为数字文旅的发展为文化和旅游的深度融合及高质量发展提供了积极支撑，也认为各位的发言从各自维度阐述了数字文旅发展的丰富内涵与外延。

编者

2024年2月1日

目　录

开场致辞

2023 年 11 月 10 日上午，第十八届中国旅游发展·北京对话暨 2023 年北京“践行国家战略　释放文旅潜力”峰会在北京昆泰嘉华酒店成功举办，此次峰会由北京第二外国语学院党委常委、副校长张严主持。

张严（主持人）： 尊敬的各位来宾，女士们、先生们，各位老师、同学们，上午好！

在北京这样一个层林尽染的初冬时节，我们相聚一堂，举办第十八届中国旅游发展·北京对话暨2023年北京“践行国家战略　释放文旅潜力”峰会，特别有意义，欢迎各位的光临。

北京对话是北京第二外国语学院旅游学科最重要的行业性学术品牌活动，至今已经举办了 18 届，这种坚持体现了北京第二外国语学院在中国旅游业的底蕴和服务行业一以贯之的理念。今年，随着旅游行业的快速复苏，旅游业提振消费的作用凸显。本次大会以“践行国家战略　释放文旅潜力”为主旨，也是呼应了旅游业对国家经济社会发展的重要贡献，进一步探讨挖掘旅游潜能的方向和路径。

下面，我介绍一下出席本次论坛的嘉宾，我介绍完之后请大家一并鼓掌。

中国国际公共关系协会副会长，北京第二外国语学院旅游科学学院名誉院长吴文学

北京第二外国语学院党委书记常宇

中国社会科学院旅游研究中心特约研究员，中国旅游景区协会专家委员会首批特聘专家，中国旅游协会旅游营销分会特邀顾问高舜礼

北京市文化和旅游局副局长刘斌

中国社会科学院财经战略研究院旅游与休闲研究室主任、研究员，北京旅游学会副会长戴学锋

中国社会科学院旅游研究中心主任、教授，文化和旅游部“十四五”规划专家委员会委员，北京旅游发展研究基地理事宋瑞

北京市房山区文化和旅游局副局长高峰

首都师范大学首都旅游研究院院长、教授、博士生导师陶犁

北京九鼎辉煌旅游发展研究院院长朱万峰

国艺中联科技集团董事长刘兵

中国会展经济研究会副会长、节庆专业委员会主任，中国节庆全国交流大会秘书长邓峰

中国旅游研究院国际研究所（港澳台研究所）所长杨劲松

腾讯音乐娱乐集团公共事务部总监牛鸿飞

北京第二外国语学院旅游科学学院教授、中国旅游协会旅游教育分会秘书长谷慧敏

北京第二外国语学院旅游科学学院教授、首都文化和旅游研究院院长，北京旅游发展研究基地首席专家、学术委员会主任厉新建

北京第二外国语学院旅游科学学院教授、院长，北京旅游学会副会长，北京旅游发展研究基地副理事长吕宁

欢迎各位。

下面进入第一个环节，请北京市文化和旅游局副局长刘斌致辞。

第十八届中国旅游发展·北京对话暨 2023 年北京“践行国家战略　释放文旅潜力”峰会致辞

（北京市文化和旅游局副局长　刘斌）

尊敬的各位来宾、各位专家，大家上午好！

非常高兴与大家相聚北京，共同出席第十八届中国旅游发展·北京对话暨 2023 年北京“践行国家战略　释放文旅潜力”峰会，共同探讨新时期、新发展格局下北京旅游恢复与高质量发展的话题，我感到意义重大。

“中国旅游发展·北京对话”一直是行业和学界非常重要的交流平台，十余年来坚持至今，非常难能可贵。其为北京旅游业的发展提供了大量宝贵的智力支持，做出了巨大的贡献。

党的二十大报告提出，要“坚持以文塑旅、以旅彰文，推进文化和旅游深度融合发展”。同时，国家《“十四五”旅游业发展规划》科学研判了“十四五”时期大众旅游进入全面发展阶段所面临的新形势及新挑战，围绕推动旅游业高质量发展的主题，以满足人民日益增长的美好生活需要为根本目的，勾勒了“十四五”时期和 2035 年远景发展目标，为加快建设旅游强国指明了前进方向。深入实施创新驱动发展战略为旅游业赋予新动能，强化自主创新，集合优势资源，扩大新技术场景应用，将成为“十四五”时期促进旅游发展的重要任务。

近年来，北京市文化和旅游局在深入贯彻国务院、文化和旅游部、北京市等的相关文件精神的基础上，先后出台了《关于促进文化和旅游业恢复发展的若干措施》《乡村旅游提质升级行动方案（2023—2025 年）》等，提升文旅产业发展效能，释放文旅市场消费潜力，加快推进文旅市场恢复振兴。同时，北京市也在旅游业高质量发展方面积极谋划，编制、印发《北京市“十四五”时期文化和旅游发展规划》。北京市在国家省（市）级层面率先推出《北京市文化和旅游融合发展的意见》，持续推进文旅产业深度融合、创新发展。未来，北京市旅游业的发展将进一步在文旅融合、数字赋能、服务提升、产业升级等方面持续发力，推动行业和谐、健康发展。

今年以来，旅游业迎来了全面复苏和强势增长。作为我国和世界重要的旅游目的地，北京市旅游业的发展对全国旅游业发展具有重要的引领和示范作用。站在新起点，面向新时代，围绕首都文化和旅游发展新使命，让我们共同努力，助力北京加快实现文化和旅游高质量发展，高品质推进世界文化名城和世界旅游目的地城市建设。

谢谢大家！

第十八届中国旅游发展 · 北京对话 2023 暨 2023 年北京“践行国家战略　释放文旅潜力”峰会致辞

（北京第二外国语学院党委书记　常宇）

尊敬的各位领导、各位专家学者、老师们、同学们：

大家上午好！

值此初冬时节，我们共同迎来了全国旅游业界的年度盛会——“中国旅游发展 · 北京对话”。首先，请允许我代表主办单位北京第二外国语学院，向出席第十八届中国旅游发展 · 北京对话暨 2023 年北京“践行国家战略　释放文旅潜力”峰会的各位来宾、各位业界同人、各位参会代表致以衷心的感谢！

2023 年是贯彻落实党的二十大精神、以中国式现代化全面推进中华民族伟大复兴的开局之年，也是中国旅游业的复苏振兴之年。今年以来，中国旅游业逐步走出低谷，迎来复苏振兴的机遇期，旅游市场规模不断壮大，旅游政策环境进一步改善。国内旅游热度迅速上升，居民旅游需求持续释放；出入境旅游加快复苏，国际文化旅游合作不断加强，旅游业已成为宣传中华民族灿烂文明与当代中国现代化建设成就的重要窗口，成为增进民生福祉、展示中国国家形象的重要桥梁。

“中国旅游发展 · 北京对话”自 2004 年首次举办以来，至今年已累计举办了 18 届，始终围绕国家及首都旅游业发展的重大理论与现实问题，聚焦文化和旅游产业实践前沿与研究热点，汇聚高水平资源，开展前沿对话、研讨，已成为我国旅游学界、业界思想交流的品牌性学术论坛，获得了良好的社会反响。本届“中国旅游发展 · 北京对话”，将以“文旅深度融合与高质量发展”“入境旅游与世界级旅游目的地建设”“文旅发展促进北京国际消费中心城市建设”“数字文旅与创新实践”等为主要议题，为大家奉上“有理论深度、有实践思考”的文化和旅游领域年度盛宴。

北京第二外国语学院是由文化和旅游部与北京市人民政府共建的高水平特色大学，是一所以“新时代中外人文交流”为鲜明办学特色，以外语和旅游为优势特色学科，文学、管理学、经济学、哲学等多学科门类协调发展的著名高校，是中国旅游、外语、翻译、经贸等人才培养与研究的重要基地。在未来几年，学院真诚期待依托优势特色学科和北京旅游学会、文化和旅游部“文化和旅游研究基地”等平台，与文化和旅游领域政产学研各界，重点围绕文旅融合对中华文明进行阐释与国际传播、出境游中的区域国别文化和旅游实践研究，以及中国特色的旅游经济理论和高新科技支撑的旅游产业实践等四个方面开展务实合作，取得更多丰硕成果。

最后，预祝第十八届中国旅游发展·北京对话暨2023年北京“践行国家战略　释放文旅潜力”峰会圆满成功！

谢谢！

主旨演讲（一）

主持人：侯宇翔　北京第二外国语学院研究生院院长、教授

侯宇翔：各位领导、各位专家、各位行业从业者，大家好！我是本环节的主持人北京第二外国语学院的侯宇翔，受大会的委托，我来主持这一环节。

“中国旅游发展 · 北京对话”已经有 20 年左右的历史，成为学校非常重要的品牌活动。作为大会和对话的主要承办单位之一，北京第二外国语学院旅游科学学院、研究生院和科研处，这些年来一直以对话为品牌工作，打造品牌发展学校的学科建设。这些过程离不开各级领导、专家学者和行业从业者的大力支持。按照大会的议程，我们共组织了两场主旨演讲和四场圆桌对话，一共有四位主旨演讲嘉宾和二十四位对话嘉宾。在开始正式演讲之前，让我们用热烈的掌声对在座的各位专家学者、各级领导的大力支持表示由衷的感谢，谢谢大家！

首先进入主旨演讲的第一位演讲嘉宾，是中国国际公共关系协会副会长，北京第二外国语学院旅游科学学院名誉院长吴文学。吴院长带来的演讲题目是——把握新趋势　发展新文旅。有请吴院长！

把握新趋势　发展新文旅

（中国国际公共关系协会副会长，北京第二外国语学院旅游科学学院名誉院长　吴文学）

“却顾所来径，苍苍横翠微。”回溯中国旅游业的20年，是飞速发展的20年。进入21世纪以后，我国旅游业以前所未有的速度更加迅猛地发展，任重而道远。中国旅游研究院发布的《2023年上半年旅游经济运行分析与下半年趋势预测》报告显示，截至2023年上半年，旅游经济稳步进入“供需两旺，加速回暖”的复苏向上通道。预计2023年全国旅游总人次将达到55亿人次，国内旅游收入将达到5万亿元，分别恢复至2019年同期的90%和80%。下半年，居民出游意愿和出游人次还将保持回暖态势，各地持续推出的消费促进政策，有望加速旅游人均消费增长。我国疫情防控实施“乙类乙管”、平稳转段后，人民群众旅游需求的转变正持续催生旅游消费需求新的增长点，旅游产业供给端要从政企学、产学研、文旅商，从现在与未来多维的空间认识过往，加大优质旅游产品供给力度，提高供给能力水平，推动旅游新业态快速发展，打造旅游市场更加丰富的产品和服务供给矩阵，把握新趋势，发展新文旅。

（一）重拾旅游发展国家战略

“旅游是综合性产业，是拉动经济发展的重要动力”“旅游是不同国家、不同文化交流互鉴的重要渠道，是发展经济、增加就业的有效手段，也是提高人民生活水平的重要产业”等重要指示批示，是党中央在引导旅游业发展中根据当前的经济、文化、政治背景提出的战略性举措。党的十八大以来，习近平总书记多次对旅游业发展做出重要指示批示，使中国旅游业发展形成系统性、规模性的战略资源优势。

1. 把握“五个一”的旅游资源

具体而言，“五个一”，也即一个机制、一只基金、一批标准、一个战略、一部法律。一个机制是总理牵头领导下的部际协调机制，形成国家领导协调解决旅游重大问题的决策机制。一只基金就是旅游发展基金，根据国家旅游业发展规划，主要用于旅游宣传促销、行业规划发展研究、旅游开发项目补助等支出，少量用于弥补旅游事业经费的不足。事实上，居民旅游消费支出的部分属于旅游发展基金，例如乘坐飞机的 50 元机场建设费当中有 20 元属于旅游发展基金，因此从几千万元发展到几亿元和几十亿元、几百亿元的种子基金引领了中国旅游业的发展，对于旅游的基础设施、服务设施、公共设施、新业态的导向发挥了基础性作用。一批标准指标准化是一个体系，包括国家标准、行业标准、地方标准以及企业标准。标准化的建立为旅游涉及的相关工作设立了规范和标准，是行业发展的技术指标，是行业规范化管理的依据。这些标准为保持行业增长、规范市场、提高管理水平、服务各类型游客提供了科学的技术依据。一个战略。自 2009 年国发 41 号文件把旅游业确立为战略性支柱产业以来，旅游业成为促进和保障人民群众更加满意的现代服务业。2022 年，国务院印发《“十四五”旅游业发展规划》，指出旅游业发展的总体目标、七项重点任务，明确“以文塑旅、以旅彰文，系统观念、筑牢防线，旅游为民、旅游带动，创新驱动、优质发展，生态优先、科学利用”的原则，是促进旅游业高质量发展的重要依据。一部法律就是 2013 年 4 月 25 日全国人大颁布的《中华人民共和国旅游法》，它是规范旅游市场秩序、维护旅游者合法权益、促进旅游业持续健康发展的重要法律，对于促进我国经济社会平稳较快发展和人的全面发展，具有举足轻重的意义和作用。

2. 掌握价值判断、效率优先原则

中国旅游业的繁荣发展植根于大众生活水平的不断提高，植根于大众精神文化需求的不断增长，与最广大人民的立场休戚相关。旅游业的国家发展战略的制定依据一直以来并且在未来也必将遵循的一个原则是价值判断、效率优先，一方面，价值判断是对事物属性与人的需要的关系做出的判断，要考虑到客观事物自身的性质和主体自身的需要。旅游业的国家发展战略是在国家或地区整体发展战略的指导下，以人民美好生活为目标对旅游产业的发展所做的总体性长期谋划，既体现了旅游业的本身属性和定位，也融合了旅游主体相关属性变化的判断，以旅游业和人民的价值立场相交融实施对应的发展战略。另一方面，根据中国旅游研究院的数据，2023 年上半年，中国国内旅游市场回暖，国内旅游人数达 23.84 亿人次，同比增长 63.85%；国内旅游收入为 2.3 万亿元，同比增长 96.58%。这一增长主要归因于政府关于旅游业发展战略制定的针对性、效率性和平衡性，使产业要素得到有效的配置和释放。中国旅游产业在经历了三年的深度调整和重塑后，展现出了强大的韧性和活力，尽管目前旅游业仍受疫情影响，但就其未来发展来看，国家政策支持、经济稳定发展、产业规划落地、科技广泛应用、消费结构升级等诸多有利因素共同构筑起旅游业的美好前景。

（二）顺应新时代，定位新旅游

党的十八大以来，以习近平同志为核心的党中央统筹把握中华民族伟大复兴战略全局和世界百年未有之大变局，带领我们进入中国特色社会主义新时代，新时代形成了新的社会形态、新的经济形态、新的产业形态、新的商业模式。在新的社会形态下，万物俱备很难再刺激人们的感官、很难再获得长久的满足，开始要求获得文化精神层面的充实感；在新的经济形态下，从持续的高速增长开始向持续的中高速增长转变，经济的新动能由要素货币推动发展转为需求市场推动；在新的产业形态下，实体经济开始向消费服务经济进行转型，未来社会主要竞争点由过去的实体经济竞争转向消费服务业竞争；在新的商业模式下，区域经济的特征更加突出，经济竞争更加明显，合作经济、分享经济、服务经济的时代已经到来。文旅融合必须认识旅游业发展的历程，不与新时代失约，力求以史为鉴引领新时代，实现文旅融合的发展。

1. 中国旅游业改革开放 40 余年的基本历程

从中国旅游业改革开放 40 余年的基本历程来看，其典型特点是，始终由中国改革开放总体进程推动，不同时期的中国旅游业改革开放，不仅有效地解决了制约旅游业发展的新问题，更重要的是表现出对旅游业属性的不同定位，这也体现了旅游产业发展的过程性、完善性和发展性特点。

在改革开放初期，面临的最大困难是新中国成立以来近 30 年形成了高度集中的计划经济体制，生产要素全面固化于既定的单元，旅游业具有较强的政府行为色彩，旅游业的主要功能是从事外事和行政接待。政府几乎包揽一切旅游活动，旅游事业是无经济效益可言的。从新中国成立到 1978 年，对旅游业的基本定位是事业属性，承担的是外事接待功能，尚不具备现代产业的特征。对外开放和初步改革阶段，旅游业发展方针是优先发展入境旅游，对国内旅游则采取“不提倡、不宣传、不反对”的政策，将入境旅游作为挣取外汇的主要手段，旅游业定位和属性从外交事业转变到经济性产业，推动着旅游业的初步改革。经过十几年的改革开放，人民的收入水平获得了较快的增长，也产生了较为强劲的旅游需求，在发展的初级阶段及过程中，旅游业六要素被描述为“吃、住、行、游、购、娱”。

对我国旅游业发展而言，《国务院关于加快发展旅游业的意见》（国发〔2009〕41 号）（以下简称《意见》）被社会各界一致认为是一个具有里程碑意义的重要文件，是我国改革开放以来发展旅游业 30 年实践总结和全行业智慧的结晶。《意见》将旅游业定位为国民经济的战略性支柱产业和要让人民群众更加满意的现代服务业，指出旅游业资源消耗低、带动系数大、就业机会多、综合效益好，在保增长、扩内需、调结构、惠民生等方面具有重要作用。这种对旅游业的战略性定位，对其发展产生了深远的影响。中国旅游业改革开放 40 余年，取得了巨大的成就，从世界旅游市场中的无名一族，成长为世界重要的旅游目的地和客源国，并成为满足人民群众美好生活向往的幸福产业。当前，中国特色社会主义进入新时代，发展站到了新的历史起点，中国经济已由高速增长阶段迈向高质量发展阶段。旅游业作为消费服务经济，其强劲的复苏势头和规模化增长对扩大消费、拉动投资、促进经济增长产生了巨大的牵引作用，未来要进一步推动体育休闲、文化和旅游等服务消费，积极创新产品和服务，实现以高质量供给拉动消费、促进增长。

2. 守正文化属性，实现经济功能

高质量发展是现阶段经济转型背景下产业提升的内在要求，推动旅游业高质量发展是改革开放 40 多年来中国旅游业在不断成长过程中的经验总结，文旅融合是中国旅游业高质量发展的新趋势、新路径。

文化是发展旅游的核心资源，更是旅游的核心价值和基本内涵。我国拥有 5000 年文明史，其文化内涵、内容以及形式更是包罗万象，从盘古开天地的神话，到春秋战国群雄逐鹿的故事，再到大唐盛世的宏大叙事，历经 24 朝的泱泱大国，文化资源是其在世界民族之林中有一席之地的瑰宝。依托充满地域特色的历史文化资源，将文化内涵贯穿到旅游全过程，实现旅游形式和文化内容的统一，用独特的文化品格和文化魅力诠释旅游，有利于凸显文化旅游产品特色，提升竞争力和吸引力，加快旅游业转型升级，实现可持续发展。

作为当今世界最广泛、最大众的交流方式，旅游是展示文化、传播文化、发展文化最适宜和最重要的载体。旅游资源中蕴含着丰富的文化内涵，旅游资源的开发过程，也是对文化的抢救、传承和弘扬的过程。西藏布达拉宫、云南的丽江古城和“香格里拉”、江西景德镇古窑等文化遗产大都在发展文化旅游的过程中得到修葺或保护，获得了新生。旅游吸引力强、旅游品牌知名度高的地方，都是有独特文化品格和文化魅力的地方。比如，人们通过风筝节了解了潍坊，通过冰雕节了解了哈尔滨，通过“磁器口”了解了重庆等。

发展文化旅游能够向游客充分展示各地不同的文化、山水、民风、发展活力，使更多的人了解祖国的大好河山和博大精深的文化，让大家爱上中国文化。

文旅的深度融合，可有效推动旅游与文化资源的交叉利用，构建文旅融合发展的新模式。强化文旅融合，首先要发挥文旅融合政策优势。强化政府的引导和扶持作用，地方部门积极配合，各企业、旅游组织、旅游景区等加紧落实，不断增强旅游的文化教育功能，开发优质文化旅游产品，完善公共文旅融合服务体系，提高大众对文旅融合市场的参与度。其次，支持国家文化公园建设。结合文化强国建设目标，遵循国家文化公园建设原则，构建相应的公园管理体系，从组织、协调、财政、监督等方面形成完整的运营与管理链，将文化内涵与旅游体验巧妙融合。最后，构建新时代文化旅游产业体系。积极整合特色文化类旅游资源，加强文化基础服务设施建设，创新文化和旅游市场开发方式，形成博物馆、纪念馆、研学基地等多样化的文旅产业融合机构。

（三）构建新格局，厘清新趋势

1. 把握经济发展新格局

党的十九届五中全会通过的《中共中央关于制定国民经济和社会发展第十四个五年规划和二〇三五年远景目标的建议》提出了“加快构建以国内大循环为主体、国内国际双循环相互促进的新发展格局”。在国家经济“双循环”战略中，国内大循环被放到了主体地位，这也是国家层面把扩大内需作为战略基点的主要原因。从改革开放 40 多年的发展经验看，每次我国经济陷入困境，都会强调扩大内需，在拉动经济走出低谷的过程中，消费扮演了比投资更为重要的角色。

从消费发展的实际情况看，尽管我国的最终消费支出在稳步上升，但相较许多发达国家 70% 以上的消费率，还有很大的挖掘潜力和提升空间。因此，“十四五”时期充分发挥我国超大规模国内市场的优势，扩大消费，特别是扩大居民消费支出成为拉动经济增长的重要任务。正因如此，在“十四五”规划中明确提出，“形成强大的国内市场，构建新发展格局”，“全面促进消费。增强消费对经济发展的基础性作用，顺应消费升级趋势，提升传统消费，培育新型消费，适当增加公共消费”。文化旅游对应服务消费和最终消费，对应多层次消费和可重复消费，是人民群众美好生活的重要体现，也是未来居民消费回补和消费升级的重要内容。在经济新发展格局下，文化旅游消费有望成为促进国内经济大循环的新抓手和推动结构转型、经济增长的新动能。

从文化旅游实际运行的情况看，对应国民经济的“三驾马车”，文化旅游也存在创造入境旅游外汇收入、促进文化旅游投资和发展国内文化旅游消费的三项任务。鉴于全球疫情短期内还看不到控制的可能，在没有完全实现疫情消除的情况下，入境旅游的重启还需要较长的时间。而随着房地产业进入平稳发展期，纯市场化的文化旅游投资增长空间也相对有限。“十四五”期间重点围绕扩大文化旅游消费开展工作，不仅是国家战略的需要，同样也是文化旅游产业自身转型发展的要求。

2. 挖掘文旅商消费潜力

从市场规模看，我国人均 GDP 已经超过 1 万美元，居民人均可支配收入达到 3.2 万元。伴随我国恩格尔系数的逐步降低，中产阶层不断扩大，作为对应发展需求和自我实现需求的文化旅游消费正在成为城乡居民的“新刚需”。需要明确的是，决定消费的原动力在于“货币的堆积量”和“货币的供给量”，决定消费的水平在于供给水平和货币的流通量。目前我国制造业快速反弹，网上购物消费逆势增长；但与就业、创业关联最紧，与人民福祉联系最多的文化旅游服务业却复苏乏力。究其原因是疫情导致宏观经济的需求收缩，供给受冲击，预期转弱。旅游业在疫情期间明显地表现出“消费动力不足、消费信心减弱、消费需求乏力、消费路径扭曲、消费供给有限、消费渠道不畅”，这些问题已经（必然）对文旅消费产生阶段性影响，我们对此要有清醒的认识。

尽管文化旅游消费活动因疫情影响受到抑制，但一方面每年 1.55 亿人次超过 1 万亿人民币的出境旅游消费需求需要在国内引导，另一方面因疫情导致的心情压抑也需要通过文化旅游消费予以释放。更为重要的是，文化旅游消费供给体系可以完全国产化，不会受到国际关系变化的影响，非常适合作为稳定国内经济发展的“基本盘”。如果文化旅游消费能恢复到接近 2019 年的水平，将有望拉动我国经济增长 3~5 个百分点，文化旅游消费潜力依然巨大，对应消费升级需求的文化旅游产业在“十四五”期间依然大有可为。

随着全面建设小康社会目标的基本完成，相较有形商品消费，以文化旅游为代表的新兴服务消费将成为“后小康”时代拉动消费增长的“主力军”。与之前相比，消费者对旅游体验和品质的要求提高，追求个性化、多样化的旅游产品和服务。与此同时，我国旅游消费结构正在发生变化，从传统的观光游逐渐转向休闲度假、文化体验、健康养生等多元化需求。并且，中产阶级的崛起和消费能力的增强，也促使旅游业市场不断扩大，推动了国内旅游服务产业的发展。在当前疫情防控形势依然严峻、国际形势波谲云诡的背景下，积极探索适应文旅发展的新路径，释放和激发文化旅游消费需求，促进产业转型升级不失为把握“双循环”新发展格局的有效举措。

（四）践行发展战略，实现文旅、商旅新融合

国内文旅产业呈现蓬勃发展态势，市场活力迸发，消费潜力持续释放，已经成为经济增长的新动力、新引擎。文旅 4.0 体验经济时代正在到来，沉浸式旅游成为文旅演艺、实景娱乐等行业的发展热点。伴随着中国文旅产业向纵深化方向发展，新需求、新业态、新特点层出不穷。高质量发展是“十四五”时期国家经济社会发展的主题，同样也是旅游业发展的主攻方向。对旅游业来说，高质量发展不仅是服务国家经济社会发展的“规定动作”，同样也是开创文旅产业发展新方向、新路径的“自选动作”。

从产业形态来看，文旅产业的“大休闲、小观光、微度假”形态，已经

成为主流。“十四五”旅游规划也明确提出“微度假”“微旅游”，这是适应当下旅游新格局下城市休闲、近郊游、周边游兴起的有效举措。“微度假”正成为文旅产业最“吸粉”的主流力量之一。从产品形态认识文旅，打造成品牌，实行融入式、参与性、个性化、沉浸式、场景化，成为产品导向的主体。沉浸式体验、场景化消费等在当下文旅产业的复苏中已成“热词”，且在引领和驱动文旅新消费中呈现强劲动能之势。文化和旅游部接连发布国家级夜间文化和旅游消费集聚区案例、智慧旅游沉浸式体验新空间试点项目名单和沉浸式新业态示范案例。示范引领趋势，趋势昭示未来。文化和旅游正在深度融合中走进一个“场景化时代”。在出行的规律方面，参与文化旅游的群体特征表现为“孩子带大人，女人带男人，老年人带年轻人，年轻人与年轻人结伴而行”，主要客群的变化是未来文旅规划和决策的依据。从需求规律认识文旅，是“五个时代”的到来，第一是主题乐园时代的到来，第二是邮轮游艇时代的到来，第三是露营旅游时代的到来，第四是研学旅行时代的到来，第五是旅居时代的到来。中国旅游业的落脚点应该是旅居时代的到来。新时代旅游业发展有其根本性的逻辑，在保证不消耗资源、不消耗资本的前提下，提高文旅服务发展的有效性，充分释放文旅消费潜力。从管理层面卖概念、靠忽悠，用旅游的方式做旅游，这个时代已经一去不复返了。研究、生产观光休闲度假产品与服务是各级工作部门的主要任务。

新一代消费者的崛起，对商业和文旅都提出了更高的要求，消费者需要在任何时间和地点都有可以实现任何服务需求的场景体验。从满足居民及游客多元休闲消费需求出发，文旅商的融合通过食、住、行、游、购、娱等相关要素的业态的创新组合，创造多元化的消费场景并打造一站式的服务结构，升级文旅项目体验质量，并通过文旅产业带来的人气聚集与创意聚集，带动商户的入驻及规模化的经济发展，形成文旅商一体化的综合发展结构。在逻辑上形成一个闭环——以文带旅，以旅兴商，以商成文。商业和文旅在升级过程中，有了更多的交集，商业的场景和业态需要重构，而文旅也不再是割裂的独立经营模式，文旅商融合成为近年来新的发展方向。

（五）满足新消费对文旅商品牌集成做出新指向

在消费服务经济成为城市竞争核心要素的当下，认识新消费、满足新消费具有独一无二的价值。消费群体的年龄分化整体上呈现更年轻化的特征，公开数据显示，中国的 80 后有 2.28 亿人，90 后有 1.74 亿人，00 后有 1.46 亿人，10 后有 1.5 亿人，一群向上的、兴旺的 00 后和 10 后将成为中国第二代中产阶级（G2，新中产）的核心力量，他们是新中产阶级的主力军，在消费、审美和生活方式上与众不同，他们既是中国市场消费和服务市场的中流砥柱，也是世界经济的增长引擎。老龄化群体也有巨大的消费潜力，第七次全国人口普查数据显示，我国 60 岁及以上人口有 2.6 亿人。人口老龄化带动了社会消费结构的变化，老年旅游消费正成为新的消费增长点，具有巨大的发展空间。新消费代表新希望，新消费代表新增量，把握新消费时代的需求走向，是提振文旅商消费的前提，能够释放更多文旅商消费潜力。

文旅商有着超越生产力的非凡价值，疫情中人们经历了长期的蜗居生活状态，疫情过后产生了重返自然的极大渴望。2023 年是文旅商新兴产业践行“以文塑旅，以商兴旅，以旅彰文”的创新发展之年，通过资源价值化、价值品牌化、品牌故事化、故事情景化、情景体验化、体验社交化的系统方式促进文旅商产业有机融合，满足文旅商品牌成长需求，形成新的渠道价值链，实现新场景、新渠道、新媒体、新消费“四新融合”。新一代消费者的崛起，对商业和文旅都提出了更高的要求，全国范围内相关旅游部门和企业要探索文旅商产业发展的新路径、新模式，加速文旅商产业基座构建、品牌塑造、渠道升级、场景革命，夯实数据驱动、资源汇聚、平台搭建和产业融合，实现“培育新型消费，创新消费场景，促进消费升级，提升生活品质”的产业发展格局，最终完成文旅商产业良性互动和共赢发展的新时代经济工作目标。

（六）依照经济规律，履行文旅商品牌发展新使命

常言道，识时务者为俊杰，有先见者终成大业。党的十八大以来，习近平总书记对文化和旅游工作做出一系列重要指示，为我们推进旅游业高质量发展提供了根本遵循。从人的发展、城市发展和经济发展规律等角度，充分认识推动旅游业高质量发展的重要意义，深刻把握旅游的丰富内涵，加快构建“大旅游”格局。要强化“一盘棋”意识，以核心资源为依托加快整合、优化文旅资源，推动文旅商融合发展，用全品牌生命周期体系筑牢旅游业高质量发展根基。要做强旅游业，有如下三方面的建议。

1. 文化繁荣无止境，旅游发展无穷期，融合向未来

文旅融合是指文化、旅游产业及相关要素之间相互渗透、交叉汇合重组，逐步突破原有的产业边界或要素领域，彼此交融而形成新的共生体的现象与过程，其形在“融”，利在“合”。我们国家从世界背景和中国实践出发，把文化基因、文化自信和中国精神作为文化的三个重要范畴。其中，文化基因是中华民族的“根”和“魂”，是民族文化得以传承发展的关键。中华优秀传统文化已经成为中华民族的基因，抛弃传统，丢掉根本，就等于割断了自己的精神命脉。文化自信是更基础、更广泛、更深厚的自信，是更基本、更深沉、更持久的力量。习近平总书记指出，中国有坚定的道路自信、理论自信、制度自信，其本质是建立在5000多年文明传承基础上的文化自信，增强文化自觉和文化自信，是坚定道路自信、理论自信、制度自信的题中应有之义。古往今来，任何一个有作为的民族，都以自己的独特精神著称于世，一个民族最深沉的精神追求，一定要在其薪火相传的民族精神中来进行基因测序，中国精神根源于中华民族源远流长的传统文化，是维系中华民族生存与发展的强大动力，是凝心聚力的兴国之魂、强国之魂。

纵观世界旅游发展史，中国旅游用30~40年的时间，追逐了发达国家100多年的发展历程，从旅游资源大国走向旅游大国，当前正行进在旅游强国的

道路上。文化产业与旅游产业是现代服务业中两个极具发展潜力的产业门类，两者的内涵、外延和功能作用具有明显差异，但同时又具有不可分割的联系，在为人们提供精神消费服务方面，两者具有天然的耦合性，可以说文化是旅游的灵魂，旅游是文化的载体，文旅融合是必然规律。文化提升旅游内涵，旅游实现文化价值。旅游是文化消费的重要形式、文化传承的重要渠道、文化形象的重要载体和文化繁荣的重要支撑。文旅融合是一个长期发展过程，不可能一蹴而就。推动两个产业长期、持久的融合发展，必须进一步强化一体化发展理念，实现两个产业基础资源、生产要素、产业链各个环节的有效融合，实现理念、载体、市场的共享融通，形成一体化的组织结构、管理体制、发展规划和政策措施，做到你中有我、我中有你。

2. 文旅商同体融合，创造增量效应

凡是文旅消费场所必有商业，这是不争的事实，问题在于以何种心态、何种形式在文旅消费体当中去做商业。首先，绵延千年的中国商业，与中华文明交相呼应、璀璨不息。作为最能够体现商业价值观念和与之相对应的规范化制度的商业文化，在广袤的华夏大地上也因地域不同、发展阶段不同而呈现出不同的特点。文脉是民族的根基，是文化消费场景的契合点。在地文化的梳理、在地文化的展现同商业活动直接相关。以旅游场景为例，现阶段我国有历史型、山岳型、宗教型、主题乐园型、乡村风貌型、城市休闲型的旅游场景。文化的传承与展现是商业活动隐性的竞争力。其次，用享乐的生活理念来铸造有温度的消费场景，同人文一致，同环境相融。以懂生活之心做有温度的消费空间，让故事发生，让经营闪亮，这是文旅商融合的怎样做商业的第二个观点。最后，商业人文化，服务仪式化。在经营活动当中，商业氛围的营造及其方式并非纯商业化，注意人文化的拓展、经营服务的活力，注意自己的风格特征，包括我们的着装礼仪、仪式感让人温暖舒服。进而再追求个性化、差异化、情节化、私密化。我们做旅游既需要昂扬，也需要张扬，不出头就必然要出局。

3.“品牌”是核心竞争力，是企业的生命

当今世界正经历百年未有之大变局，新一轮科技革命和产业变革深入发展，引发质量理念、机制、实践的深刻变革，面对新形势、新要求，必须把推动发展的立足点转到提高质量和效益上来，培育以技术、标准、品牌、质量、服务等为核心的经济发展新优势。品牌是高质量发展的重要象征，加强品牌建设是满足人民美好生活需要的重要途径，要不断推动中国制造向中国创造转变、中国速度向中国质量转变、中国产品向中国品牌转变，坚定不移推进质量强国建设。

（1）厘清打造文旅品牌的逻辑

品牌是市场竞争过程中的必然产物，代表了一个产业的先进生产力。一个产品或服务能够成为品牌，说明它具备优质属性，并能够为消费者带来真正意义上的消费价值。文旅产业是为消费者提供身心双重服务的幸福产业，优质的文旅品牌不仅能够为消费者带来身心的愉悦，而且能够真正满足消费者的文化生活与精神需求，所以文旅品牌的建设与布局具有十分重要的意义与作用。具体打造文旅品牌的逻辑可以归纳为以下五点：

第一要建设畅通、便捷的交通体系，来解决可进入性、可进入量的问题；第二要完善基础设施，解决承载力、承载量的问题；第三是公共服务和商业环境的建设，其决定停留时间和增加消费点的问题，现在情况已经发生了变化；第四最重要的是旅游目的地的业态与产品的品质，这是决定游客来与不来的根本理由；第五提升服务质量是永恒主题，要注重服务仪式化、生活场景化、商业人文化重点工作。请注意民宿不能成为住宿业的主体，景区免票造成国有资源流失。遵守规律，回归逻辑，“守正创新”是正道。

（2）拥抱文旅产业的数字化转型

文旅商产业通过数字化转型，将消费场景和业态渠道加速重构，科技助力场景体验，实现飞跃或升级，原生场景叠加网生场景，带来独特的融合场景和不可复制的奇妙体验，满足消费者深度沉浸的旅游休闲服务需求，这既

是时代的特征，又是品牌形象化的需求。我们的文旅商产业从信息化、网络化，正在向数字化升级。以智慧文旅商发展为例，其涉及的范围和领域非常广泛，既要“吸睛”也要“吸金”。大投入的纯研发和文化研究类的项目不太可能出现在市场经济中。疫情后的文旅商虽然从量上复苏明显，但在消费力方面的恢复仍有待观察。数字文旅商产品的投入对于很多开发主体具有不小的压力，他们很难驾驭数字文旅商产品在收益端的设计、推广和创收等环节。旅游企业在数字化转型中要把命运掌握在自己的手中，可以共享市场，但绝不能交出生存权，特别建议互联网旅游企业，要转变商业模式，从靠“网络吸血”走向共存，从靠“平台拿点”转向共同成长。

眼向高处望，事从平处做，人往宽处行。“融合共赢”高质量发展是当今时代的主题。让我们通过本次会议，更加努力践行总书记新时期治国方略，面对新形势、新任务、新要求，实现行稳致远，真正做到观天下，知大事，懂全局，向未来，做自己。

对入境旅游恢复与振兴的思考

（中国社会科学院旅游研究中心特约研究员，中国旅游景区协会专家委员会首批特聘专家，中国旅游协会旅游营销分会特邀顾问
高舜礼）

2023 年 9 月末，国务院办公厅印发的《关于释放旅游消费潜力推动旅游业高质量发展的若干措施》的通知（国办发〔2023〕36 号，以下简称“36 号文”），专门将“加强入境旅游工作”作为其中一部分，体现了国家对入境旅游工作的高度重视和关切，如能够较好地加以贯彻落实，必将积极推动疫后入境旅游加快恢复。

入境旅游是国家形象和民族文化对外传播的重要载体，反映的是国家旅游的国际竞争力。由于我国历史文化灿烂、经济体量庞大、对外交往频繁、国际地位日升，我国入境旅游接待和收入在全球多年来位居前列。但也要看到，由于 3 年疫情的影响，当下入境旅游恢复还较为迟缓，而且即使磕磕绊绊走出了疫情阴影，但是否就能同时跃出 10 多年来入境旅游低速增长的圈子也未可知。因此，从根本上振兴入境旅游，还要加强政府的统筹发力与协调，调动好相关诸多方面的优势和资源，方能更好地形成市场振兴的合力，从而加快入境旅游的恢复和提振。

（一）入境旅游积淀的迟滞性背景

当下，有几个背景性因素影响我国入境旅游市场，既是研讨入境旅游滞缓的入门线索，也是推动入境旅游走出困境的必经前奏。

1.3 年疫情的缠绵影响

出于疫情防控的需要，各国锐减了国际航班，增加了入境检疫要求，票价明显升高，对国际旅游带来明显影响。2023 年 1 月，我国宣布对新冠肺炎疫情实行“乙类乙管”，其后国际航班和入出境管理方逐步开始恢复，国际交通票价下降需要一个过程。

2. 全球经济下行的直接影响

历时 3 年的疫情，让各国经济雪上加霜，世界经济复苏乏力。世界银行发布的《全球经济展望》将 2023 年全球 GDP 增长率下调至 1.7%，成为近 30 年全球经济增长率第三低的一年，背景就是俄乌冲突、通胀飙升、央行加息、投资减少、企业倒闭。英国智库预计，2023 年英国家庭年均收入将降 2000 多英镑。各国中产阶层的腰包快速收缩，百姓生活成本明显加大，即使欧美发达国家，无家可归者也在快速增加，寻求加薪的行业大罢工多次爆发。兜里钱少了，想出游也走不成，这是普遍的现实问题。

3. 受入境旅游 10 多年来低速发展轨迹的羁绊

业界有些研究者认为，今日之“振兴入境旅游”，原因之一是旅游发展战略的调整，入境旅游由起初“大力发展”的定位而为国内旅游所取代。各地由千方百计抓入境，眼睛盯着入境接待的数字和排位，而变得没有压力和动力，入境旅游也便走入任其涨落的自然状态。2010 年后入境旅游进入低速发展轨道，一度低于亚洲平均水平。虽全行业做了一些努力，但又遇疫情突降而雪上加霜；未来即使全面消除疫情影响，是否也能够同时摆脱低速发展的轨道还有待观察。

（二）入境旅游需政府强化统筹协调

影响入境旅游的方面和因素较多。就促成境外客源旅华的相关因素来说，包括国际形象、中国经济、内外交通、旅游魅力、综合竞争力等；在游客决定出游并成行以后，涉及的方面仍有很多，有的属于旅游行业的范畴，有的则属相关行业的业务，旅游只是诸多要素的穿线者，就如同串连冰糖葫芦中间的竹签子。

旅游业界大多数人认为，决定出游有三大要素，就是有钱、有闲、有意愿。有钱是出游的基本前提，与客源所在国家的经济发展和个人收入有关，但要使尽量多的人来华旅游，就得考虑旅游价格的竞争力，包括交通、食宿、门票；有闲就是拥有可支配的空闲时间，也与出游所花费的时间密切相关，如一周之内，能否让游客有足够值得的可经历、可观赏、可体验的东西，直接影响出游的决策；有意愿，则涉及面更广，是关乎出游的变量因素，譬如宣传影响、口碑印象、产品情况、旅游价位、通达便利度、接待条件等。有时，上述条件的明显改善，需要政府发挥统筹和协调作用。当然，对商务、会展、奖励、活动、因私等旅游者而言，影响出游的逻辑不尽相同，但也必然要受上述因素的不同程度影响。

国办发 36 号文对入境旅游做了 6 方面部署，有关部门从 5 个方面做了政策解读。可以看出，有的可以说到做到、很快落地，有的则是系统性和长期性工程，需要加以突破、开拓和创新，甚至持之以恒、久久为功。

1.“入门”性事务

如签证、航班、通关、服务等，是相当于境外客源来华的入门性事务，36 号文已做了明确表态，如“提升外籍游客和港澳台居民持有效证件预订景区门票、购买车（船）票、在旅馆办理住宿登记的便利化水平”，“提高入境游客使用境外银行卡及各类电子支付方式便捷程度以及外币兑换便利性”。其实，在文件出台的前前后后，相关部门已紧锣密鼓地加紧落实。当然，对自助游、回国探亲者来说，这些措施从出台到适应，有一个逐步的过程，就如同改革开放之初国人出国要习惯使用信用卡、旅行支票那样。

2. 旅游形象宣传

让境外人士选择我国为旅游目的地，是非常综合的影响力施加过程，需要正面影响的日积月累和逐步叠加。既有主动施加影响力的大小，也有外在一些负面影响的抵消。目前主要的问题是，单凭旅游部门做形象宣传和旅游企业做产品营销，影响力仍旧不够大，就如同黑夜中汪洋大海的点点渔火，照得不远，看到的人不多，迫切需要借助一些更大活动和事件的宣传，如省级、全国性乃至国际性的，去顺势传播旅游对城市形象、国家形象的影响。

3. 旅游产品供给

就是拿什么吸引入境游客。产品在这儿是一个组合性概念，是指旅华全过程所涉及要素、条件和服务，而非仅指什么旅游景点。这就如同我们选择出国旅游，一部分人是为满足观光、度假、休闲的需求，一部分人是为商务、会展、活动而出行，无论是需要哪一类的产品，都包括一些相关的要素和服务供给。如半日的北京故宫及周边游，除了景点游览以外，还有交通条件、外语讲解、餐饮服务之类；至于来华散客的自助游，所需的不少服务则直接取之于市场，与当地市民需求满足无异。因此，产品质量如何，就包括这诸多关联要素的一揽子评价。36 号文提出，“开展入境游旅行商伙伴行动，为国外从事来华旅游业务人员提供课程培训和旅游信息服务”（第十五条），既富有新意，也很有针对性，有利于以中外通力协作，为入境客源提供更加对应需求的产品和服务。

4. 服务质量

服务是全流程、全行程、全方位的，游客满意度就应体现在过程中。实际上，服务游客是从申办签证开始的，手续是否麻烦、所需资料多不多、网上申办的 App 好不好用，都显示了目的地国的服务水平；再是入关的相关要求，包括票务办理、行李提取、出入海关等，也都体现着一国一城的服务水平；入境以后是否生活便利、是否学会刷卡消费，也是近几年反映强烈的问题。除此以外，才进入旅游消费的具体服务环节。因此，入境旅游的服务提升绝不局限于旅游行业，而是具有开放性特征的。

（三）提振入境旅游的措施建议

加快入境市场的恢复，关键在消除阻碍因素，弥补发展短板，打造对外吸引力。除了在产品开发、企业运营、服务保障等方面要充分发挥市场机制的作用，在国家旅游形象的树立、发展氛围的营造、扶持政策的出台、保障合力的形成等方面，还应发挥政府的统筹乃至主导性作用。也就是要“双轮驱动，两翼齐飞”。就此提几点建议：

1. 将入境旅游列为国际化水平的重要指标

国际旅游业的发展水平直接关系着城市国际化水平的高低，城市年入境旅游人数是体现城市国际交流功能和开放程度的重要指标。根据经验，年海外游客入境人数至少在600万人次以上才可成为具有“全球性旅游中心”特征的国际化城市。从现在的经济实力和国际地位看，我国已到了全方位研究和争取国际影响力的时候。既要充分肯定入境旅游的发展成就，也不能仅满足于入境旅游体量在全球的位次，还应做更广泛和深入的细化乃至系列化，使中国与旅游发达国家能够做全方位的对照。不仅旅游部门应恢复对各省市入境接待与收入的数据公布，还应把入境旅游广泛纳入评价我国诸多领域国际化水平的指标体系。

2. 将旅游形象宣传纳入各级政府的外宣计划

个性鲜明、亲切感人的旅游地形象是形成庞大旅游市场的源泉，并可以在旅游市场上形成较长时间的垄断地位。目前我国旅游形象宣传中存在的主要问题是影响力打造方面仍然不足，我国迫切需要借助一些更大活动和事件的宣传，如省级、全国性乃至国际性的，去顺势传播旅游对城市形象、国家形象的影响。如共建“一带一路”提出10周年、杭州亚运会、成都大运会、博鳌论坛等，都是很好的国家旅游形象宣传的契机，应争取把国家和地方旅游形象宣传纳入其中。通过宣介源远流长的历史文化、丰富多彩的民族风情、魅力四射的旅游景观，更好地塑造中国新型的大国形象，使这种形象更加广泛地传布四海。旅游部门应加强与外宣部门的合作，积极对接国家级和省级阶段性的重大宣传部署，发挥旅游形象宣传的轻松、和善、亲民的特征，为重大宣传活动助力和赋能；同时借助这些舆论平台更好地树立中国旅游形象，促成入境参加活动者顺便进行观光、游览。

3. 推出激励入境旅游的工作抓手

文化和旅游部组建以后，已推出创建达标性的系列化工作项目，可在已部署的创建世界级旅游景区、世界重要旅游目的地的基础上，再研究、设立一批促进入境旅游发展的专业称号、示范基地、技术标准，如国际旅游城市、国际旅游度假区、国际旅游商贸城市、国际旅游小镇。国办发 36 号文提出，“高质量建设一批对外文化贸易基地，为外国文化和旅游企业来华投资合作提供服务保障”（第二十条），据此就可研究、出台有关的示范性名称。

4. 探索融合性的宣传、推介方式

除在常规状态下，发挥网络开放性传播的优势，利用国内外专业网站做好旅游形象宣传外，还要“发挥旅游贸易载体作用”，通过“走出去”与“请进来”相结合，积极探索线下融合性宣传、推介方式。国办发 36 号文表示，“支持国内文化和旅游企业、机构参加各类国际文化和旅游展会。鼓励举办市场化旅游展会，吸引外国文化和旅游企业来华参展、参会”（第二十条）。36 号文的政策解读提出，加强国际合作，举办系列旅游对话活动、国际性旅游会议等，构建高级别入境旅游推广机制，都是很好的旅游形象宣传的思路。在此方面，新加坡旅游局有着丰富的经验，通过密集参与、举办重大会奖活动，很好地宣传了国家旅游形象。如2022年世界一级方程式赛车大奖赛、2023 年财新首届亚洲愿景论坛、新加坡商务会奖旅游交流会、携程全球合作伙伴峰会，计划举办“2024 年首届 APE 亚洲光电博览会”“2025 年中国国际纺织机械展览会暨 ITMA 亚洲展览会”。

5. 加强旅游与重大会展和赛事活动的协作

对绝大多数入境公务、商务旅行者，乃至因私事务者来说，在结束主要活动和事务后，都有顺便性的旅游消费需求，这是一个规模巨大的市场。如今年 7 月末举办的 12 天成都大运会，拉动了以成都为目的地的国内、国际机票订购量比 2019 年大幅增长，酒店预订增长 2.7 倍，美团同期成都旅游订单量同比增幅近 140%，餐饮堂食订单量同比增幅超 150%；今秋举办的杭州亚运会，使飞往杭州的国际机票预订量同比去年增长超 20 倍，火车票预订量同比增长超 4.7 倍，赛事场馆周边的酒店预订量同比增长超 3 倍，5 座协办城市的旅游门票销量同比增长 3 倍以上。因此，在重大会展、赛事、活动的筹备阶段，旅游部门和行业就应积极参与，不仅有利于更好地满足会展和赛事参与者的旅游需求，也有利于取得更好的接待收益。

冰冻三尺，非一日之寒。我国入境旅游市场的恢复与提振，需要政府与市场共同发挥各自作用，只有如蝶之双翼、车之两轮，和谐而快速地发动和运作起来，方可能对入境旅游进行托举和提振，期望这一天将为期不会太远。

圆桌论坛（一）：文旅深度融合与高质量发展

主持人：宋瑞　中国社会科学院旅游研究中心主任、教授，文化和旅游部“十四五”规划专家委员会委员，北京旅游发展研究基地理事

宋瑞：我是来自中国社会科学院旅游研究中心的宋瑞，很荣幸能够担任这一论坛的主持人。根据会议安排，这个论坛的主题是：文旅深度融合与高质量发展。大家一听这两个词都是热词，也是两个特别大的词。我们非常荣幸邀请到以下四位嘉宾，我念到名字请依次上台，按照顺序落座。

第一位是来自北京市房山区文化和旅游局的副局长高峰先生。

第二位是来自国艺中联科技集团的董事长刘兵先生。

第三位是来自首都师范大学首都旅游研究院的院长、教授、博士生导师陶犁老师。

第四位是来自北京九鼎辉煌旅游发展研究院的院长朱万峰先生。

此外，还邀请到了来自北京第二外国语学院旅游科学学院的教授、副院长李彬老师作为我们这一论坛的点评嘉宾。

刚才听了吴局长高屋建瓴的关于旅游发展的思考和高社长关于入境旅游真挚的建议。这个圆桌论坛我个人理解分给我的任务是两个目的，第一个目的是围绕文化和旅游的深度融合和高质量发展，我刚才说这是两个大词，我们怎么来落到实践中去，尤其是结合北京的实际情况把这两个任务结合去实施好，我想这是本次圆桌论坛的第一个目的。第二个目的是邀请了来自不同领域的，有政府、学界、企业的专家，从不同的角度来看待、解析这一问题。本环节总共 60 分钟，共有两轮，以第一轮为主，第二轮是一句话总结。针对每一位专家所在的机构、所从事的工作来谈一谈对于这个问题的认识。

先从我身边最近的这位高局长开始，刚才吴局长也说了，今年尤其是区县的旅游局长特别卷，我们先从高局长卷起来。大家都知道房山是北京的南大门，有“人之源”和“城之源”的说法。所以我认为房山在落实文旅融合方面一定有它的优势，也一定会遇到一些难题。作为区县的局长，您从区县旅游局长的角度怎么理解这个问题？怎么破解这个问题？大概十分钟，给大家分享一下。

高峰：非常开心收到母校的邀请来参加今天的论坛，我是97级市场营销专业毕业，局长问我说：“你去了准备说什么？”我说当着家里人说什么都行，说错了也不怕。

刚才主持人提到这个问题，借着今天宝贵的机会，我首先把房山的情况简单给在座的各位领导和同学们做一个简要的介绍。房山地处北京的西南，是北京西南的门户。可能大家对房山最熟悉的就是周口店，在课本上学到的周口店北京人遗址，这是我们最独特的名片，刚才提到“人之源”其实就跟这个有关系。“城之源”可能很多人不知道了，“城之源”是我们在琉璃河镇有一个北京的西周燕都遗址，出土了大量珍贵的青铜器文物。大家耳熟能详的比如骨角器、伯矩鬲。许多首都博物馆的镇馆之宝也是在琉璃河镇挖掘的，这也是继北京中轴线申遗之后即将要申遗的项目。当时有这么一个说法，北边琉璃河形成一南一北的呼应，所以这也是我们的一张名片。其实我们还有一个说法叫“都之源”，这个“都”就是京都，京都17任皇帝都埋在了房山，所以说历史上房山的文化非常厚重。

在文旅融合方面房山也是有其独特的优势，但是文旅融合这个大题放在当前时代下，提到的地位又这么的重要，从我们的角度，确实面临方方面面的问题。我现在是分管产业、文旅融合，包括发展这块。我个人认为我面临的一个比较首要的问题，就是“文旅融合”这四个字，它本身不是一个名词概念，是一个动态的行进式的描述。比如你怎么定义文旅融合？是渐进的过程还是有边界、有明确定义范围的？从我的个人感觉应该是后者，比如说文旅融合如果要能给一个清晰定义，一定就会有内容，比如具体有什么内容、有什么标准，或者能达到什么样的程度就是做到文旅融合了。这对于我们行政部门是非常重要的，因为所有考核性、目标性，甚至下一步工作开展从哪儿切入，哪儿是你的抓手，如果要是面对行进式的没有定量、没有定性的一个东西，对于我们工作开展来说就是你感觉可下手的地方很多，但实际没有特别明确能下手的地方。很有幸今天参加这个论坛，听到吴局长刚才所讲的，我感觉到多少可以找到一些答案。刚才提到地从交通、基础设施、服务等五个方面，给了我很大的启发。文旅融合首要先解决的问题就把它清晰地定义。

再有，我认为文旅融合还有一个非常重要，也是各地文旅局局长，或者各地文旅部门比较困扰的，就是市场主体缺失的问题。比如房山拥有很优秀、悠久的文化，丰富的自然山水，但是本身不会产生价值，一定会通过某种方式，以经济运行的方式来把文化传播出去，把游客吸引过来。政府只能做搭台的事，唱戏一定得有人唱。现在的市场主体绝大部分，比如房山，是当时一些有实力的老板承包一片山头或者市场管理处，都是以事业单位管理处的方式运行和管理景区，所以思维和行政管理的惯性，都不是以市场化角度去运营景区的。其他的私人老板一般都不是这个领域的，比如说他是做房地产的，或者做能源的，他有钱了包一个山头，只是把它作为副业，不指着它挣钱，导致没有真正的以文旅融合的视角或者运行规律去做产业，这是很要命的事情。所以市场主体缺失对于各地来说都是一个大的问题。现在大家都在招商，但是真正能招到是不是有品质的商，或者有专业能力的商，这是各地都面临的首要问题，否则没有活力。

第三个主要问题，我个人觉得还是人才的缺失。其实在中华大地上，类似有房山这种资源禀赋的地方太多了，比如刚才和刘总交流，刘总把大唐不夜城做出来了，那么西安历史悠久的文化是展示出来了。这么多情况下怎么保证你这个地方的文化、资源禀赋同比起来能有优势，甚至能得到大家的认可，这里面一定有一个团队以及专业的人才，也就是在座的各位。刚才吴老师也提到，其实是后排的同学们，你们未来应该能真正发挥作用的地方。如果没有人才的支撑，我们这些文化会随着时间的流逝蒙上灰尘，不会创造出价值。随着E世代的新兴人类，比如元宇宙、虚拟人，未来一定朝这方面发展，传统的放在那儿，别人来敬仰、参观这种方式可能不行。

再有一个，我觉得旅游这种东西一定是随着当地地区的经济社会发展的水平而凸显出来。个人理解为什么现在国家把文旅融合提升到这么一个高度的位置，总书记甚至亲自批示和指示，我认为应该放在国家的大背景下，就是中华民族伟大复兴的背景下。一个民族经济发展到一定程度，国力发展到一定程度，但是总书记说过，我们中国解决了吃饭以及吃饱饭的问题，而且解决了挨打的问题，别人现在也打不了，但是没解决我们挨骂的问题。挨骂的问题其中很重要的一点就是你的文化或者你的哲学理念以及你这个民族的文化不被人知道，或者不被人认可、不被人理解。这就需要我们传播，我们传播的话语体系刚才谈到入境游上，其实我觉得都是息息相关的。文化的传播不能虚无地传播，一定是有载体。旅游是最好的载体，所以提到文旅融合要与当地经济社会繁荣联系起来。同样放在房山区，我们房山区目前正在转型，以前是一个资源大区都是传统的行业，现在转型到文旅，这一定是有一个阵痛期。在这期间，文旅应该义不容辞担当起这个责任，但是不可能完全超越现在所处的历史阶段，这可能也是一个大背景。

最后就是现在提到各地文旅局局长“卷”，其实不是文旅局局长“卷”，而是由于大家伙各地都在发展经济、招商引资，尤其三年疫情之后，通过这种方式把地区形象打出去的需求。包括前段时间很火的淄博，其实就是很成功地做了一次大的公关活动，做得非常成功。其实大家“卷”是“卷”在这里。

宋瑞：谢谢高局长基于房山但不限于房山。我理解就是四组关系，比如说政府的工作跟市场主体的关系、事业的功能跟产业功能的关系、我们的发展需要和人才培养的关系以及旅游发展和对外传播的关系。我觉得这其实都是我们其他地方可能也在发展中普遍面临的要处理好的几个关系，其实也是做好文旅融合的几个关键点。

下面有请在场的陶老师。大家都知道陶老师是长期做旅游研究的，尤其是旅游地理、旅游规划。我也看到了您还做过文化廊道的研究。从一个旅游地理学者的角度来看，您觉得北京在文旅融合方面，还有什么可以优化的地方？尤其结合文化廊道的研究有什么建议？

陶犁：谢谢宋老师，也谢谢宋老师关注到了我们最近的一些研究成果。针对我们做的研究提出了比较有针对性的问题，我就直奔主题来回答宋老师所提出来的问题。

一个是文旅融合，就像吴局长讲的，都已经说了很多年的话题。北京善于用文化创造需求、引领文化消费，提供高品质的文旅产品和服务，毫无疑问在全国是走在前列的，也是有着巨大的优势的。宋老师讲到要从地理学或者从空间以及区域综合发展和区域角度来讲，我本人更加关注两个问题。

第一是针对北京四个中心建设发展定位以及北京文旅融合发展的强大基础，再利用好中心城区密集的文化休闲和旅游资源、科技创新优势去扩大文化和旅游的消费，让新时代的文旅产业融合发展，能够服务于并且主动对接国家的重大战略，我觉得这是摆在我们北京市面前一个很重要的问题。第二是从区域协调发展的角度来看，我们都知道北京区域的协调、整个区域的分布存在很明显的特征。我很高兴今天在这里和高局长与李院长，在北京对话胜利会师。我和李老师曾经被北京市委组织部选派挂职服务于房山，所以对北京的郊区县也还比较熟悉，对房山也比较熟悉。所以我看到的第二个问题是如何契合北京区域发展不均衡的基本特征，依靠北京三个文化带建设的部署，大力发展环北京文化游憩带，来满足文旅新需求、培育文旅新业态并进而带动京津冀文旅产业融合发展的问题。

对于这个问题，我举个例子。在 2013 年的时候，北京市发改委委托了一个项目，我们做了环北京游憩廊道的空间布局，以及建设方案的一些研究，并且落地实施。在 2014 年规划的文本里面，根据北京的整个空间组织，我们发现平原区有一些大项目的带动，但是整个浅山区和深山区都是小而分散的空间布局带动，我们需要有一些大的项目来把它拉动起来，所以当时我们做了环北京游憩廊道总体规划。于是我们把北京首先确定为四大主廊道体系，有支线廊道体系拉动技术的以带串点、以带带面的空间格局。我很高兴当时我们提出来的四个旅游文化游憩带和后面的北京三个文化带建设不谋而合，分别是大长城、大西山、大运河。只不过南边没有廊道的东西，我们用了大乡村，除了大乡村之外，三个廊道体系不谋而合。后面又带动了北京的西山区和北山区很多文旅项目的发展。我觉得这些都是北京在文旅融合空间布局上的一些有效的创新。比如像房山很明显一条深山区的廊道，一条浅山区的廊道，用这个组织旅游空间还是很契合北京房山实践的。这是第一个问题。

第二个问题，宋老师针对我们最近研究的成果，非常感谢关注到了这个东西。其实文化廊道这个概念是在 2011 年提出的，当时我写了第一篇文章，就是文化廊道的旅游开发是一种新型的线性遗产区域的方式。为什么会有这样的契机呢？是在国家自然科学基金的支持之下做的，当时也涉及跨境文化廊道、自驾车旅游的空间组织的问题。到了今天，逐渐被人们比较，更多地提到、更多地引用，而且也出现了一些相应的学术成果。这是为什么呢？因为说到文旅融合这个问题，就不能不说到国家文化公园。国家文化公园的建设是当前最重大的文旅融合工程。大家可能会发现一个现象，无论是长城、大运河、长征、黄河、长江五大文化公园，它们在空间上都是具有线性特征的。北京的三个文化带建设也是线性的。从世界范围来看，你会发现有很多重要的自然和文化资源都集中在线性区域。比如像西班牙的圣地亚哥朝圣之路、日本的记忆之路、法国的南运河，这些都是线性区域的。最常见的形式是以历史时期人类迁徙和交流所形成的通道文化为基础，形成的线性文化遗产，这是最主要的东西。我们知道在世界范围内最具有欧洲特色，并用于遗产保护领域的，就是我们熟知的文化线路。而美国是遗产廊道，也是国家公园的一种形式，就是线性区域的形式。

我今天听到吴局长说到的观点，我非常赞同。我们是需要探讨从基因、自信和精神的角度，遗产保护和区域发展中国化的表达，我们要有我们的话语体系。所以文化廊道首先是一个线性区域，应该具有这样的特征。这个区域具有一定的历史意义，可以是河流峡谷，也可以是运河，可以是一些系统的道路，甚至于把单个遗产点串联起来，比如长征不一定有具体的道路。这种反映的是自然和人文景观的整体性，在这里我想特别强调一个文化的延续性的问题。第二，在这个区域文化意义被提到了最高的高度。第三，这个区域所表达的是历史和现实的关系，而不是一个时间的断裂。比如大运河一定是表示跨越时空的历史和现实的在时空上的有机联系，而不是一个历史的断裂。第四，具有多维性。既然会有自然、经济、历史文化的综合保护措施和多目标的保护体系，但是同时在这里文化毫无疑问，我个人认为是一个统领的东西。我也参与评定大运河国家文化公园的建设纲要，明确地提出要使大运河成为文化之河、生态之河、发展之河、民生之河、融合之河。于是北京在这样一些总的纲领的统领之下，有了许多项目的实施。第五，特别是从学理角度来讲，是具有多尺度、多要素、时序长、复杂性的特征。

在这种文化廊道空间建设当中必须关注两个特性：第一就是空间上的整体性；第二就是文化上的延续性。所以北京从空间的角度，从空间目的地、空间优化的角度，从旅游目的地、文旅融合方式创新的角度我个人认为有三点要注意：第一要拓展在文化廊道概念体系下研究和应用的深度和广度；第二要拓展尺度范围，加强整体性研究；第三应该要增进不同学科多元视角、不同主体的探讨以及方法上的创新和实践上的创新。以上就是我的回答。

宋瑞：谢谢陶老师，立足北京、放眼世界娓娓道来，给我们谈了文化带、文化廊道、国家公园一系列建设。陶老师柔化了我的问题，我的问题提出是想怎么优化空间布局。前面陶老师铺垫得比较多，后面落的几条建议特别有针对性。

刚才听了政府的、学者的，剩下两位是业界的代表，国艺中联是专门做不夜城和特色街区实景演绎的，我了解到您在很多场景也分享过沉浸式文旅体验的心得。刚才谈到从区域的整体发展以及空间布局上，您侧重于从项目上怎么体现文化和旅游的深度融合，我想了解项目中文旅融合最关键、最难的是什么？听听您的建议。

刘兵：非常荣幸参加北京对话。因为我们是企业，企业想做的话要保生存。做一个项目核心的前提是运营前置，如果没有运营，“规划规划墙上挂挂”。灯光的设计不等于引流，投资额不等于游客。所以现在在做一些项目的时候，怎么和现有项目共存？我们是要做，但不是盲目地去做。项目区域化是我们的核心，我们强调存量和现有项目的生存怎么做唯一性和差异化。这是我们在做所有项目的开端，如果没有这些数据的话，我们很难往下做定位。

第一个定位就是文化的定位，文化的定位就像北京那么大，文化的定位符合这个区域的文化 DNA 是什么。我们也把文旅的核心叫作文化的活化，看得见、摸得着、记得住、能带得走。如果不符合这四点，我们讲的是历史，跟文旅没有关系，跟游客更没有关系。

第二个定位是定位客群，我们所有新打造的项目，包括原有项目里面没有分析客群，我们盲目地去做，想做得大而全，想满足所有的游客都能来。但是我们的核心，刚才吴局所讲的，一个是我们的年轻人，我们怎么把年龄定好。年龄定位的画像是我们的消费习惯和业态布局，如果没有年龄，盲目地做一个项目那就不精准。我们把它称为二八法则：满足 20%，20% 带动 80%，剩下的 80% 不是精准，可来可不来。如果没有 20% 的话，我们盲目做的是大而全，不是小而精。那就是我们想所有人都来，反而到最后谁都不来。

第三个定位就是定位范围，我们区域到底划多大，核心区域 100 公里，最大范围做旅游不要超过 200 公里。除了自然风光以外，特别是新的文旅项目，为什么不建议 200 公里以外？这是因为 200 公里以外我们获得客群的成本太高。100 公里可能需要花 1 毛钱到 1 块钱，如果 200 公里以外获得一个客群需要 50~100 块钱，得不偿失。能不能在 200 公里以外来，就属于我们先保证在 100 公里的消费，剩下算增量。往往我们在做一个项目的时候，把所有项目放最大化。三亚、呼伦贝尔只做两个月，剩下的时间闲置。我们做的时候叫微度假，先满足城市人群，就是区域化人群，再满足外部的人群。有很多地方说打造会客厅，会客厅核心本地人都不去，怎么称为会客厅？核心是做服务，服务首先叫增值服务，我们现在去很多地方往往是没有服务的。文旅的核心就要做服务，服务的核心叫增值服务，也就是说，我们有没有了解我们的顾客，有没有了解我们的用户。以前旅游叫游客，游客完全是没有服务的。我们近几年叫文旅，文旅叫顾客，出去旅行顾客是什么？顾客是有服务的意识，给顾客提供便利，在基本服务的基础上我们称之为增值服务。拥有增值服务才叫新文旅，新文旅首先抓住的是心，如果心都留不下来如何谈产品？其实文旅的核心叫常变常新，这也是运营的体系。我们不能做一成不变的，首先要做的是常变常新。整个布局里面新的项目打造 35% 是美食，25% 是住宿，15% 是游乐，还有 20% 是周边配套，比如自然风光。35% 里面我们分布的是“343”的模式，30% 本地，40% 是全国，还有 30% 是新的业态，指的是新的年轻人喜欢的。很多老字号为什么被市场淘汰了？因为没有抓住年轻人。老字号食品许多是甜的，再者是热量比较高，比如肉类。所以我们现在从老字号的复兴里要抓住品类、品相、品质、品量和品价。文旅吃的东西叫一口香，但是不是吃饱也不能吃好。往往我们走到一个地方，一个肉夹馍吃饱，钱再想花掉也花不了，所以是尝鲜。如果 100 块钱能吃 12 种不同的东西，这是文旅项目。不是到楼下又吃饱又吃好，第一是不吃饱，第二是不吃好，才叫尝鲜，尝鲜才能给大家带来更多的体验感。真正运营的核心是数字化运营，我们公司有自己的平台，从集团成立到现在接待 8.9 亿人次，线上平台人流量接近2000万。但是我们只知道谁来了，他的消费习惯是什么，我们只需要知道这个就行了。

宋瑞： 谢谢刘总，我理解您刚才提到的几个定位，文化定位、年龄定位、空间范围 200 公里的定位，包括消费的类别定位，这应该是做好文旅项目很重要的原则。但实际上我更关心的是这些项目里怎么体现文化和旅游融合，我想在具体的很多实施过程之中可能已经融合在一起了，我们分不清了。

刚才刘总提到规划往往是“规划规划墙上挂挂”，下一位就是做“墙上挂挂”的朱总。我看您长期做旅游发展的规划，尤其是地方性的旅游规划。您从一个规划者的角度来看一看，我想您就不用再柔化我这个问题了。比如说各个地方在文化和旅游融合发展过程之中有什么教训、负面的例子，或者从规划的角度来说，文旅融合的规划跟一般性的旅游发展规划有什么特别不一样的地方？请您分享一下。

朱万峰：谢谢主持人。刚才听了吴局长所讲，我学到很多知识，听高老师所讲，我很赞成他的学术态度，敢说实话。同样我也是一个敢说实话的人，为什么呢？因为我在一线，我是旅游界一线人员，每年至少服务 20 个县长，每年要跟 20 个县长、书记深度交流。现在的时代不同了，怎么不同？首先第一个不同：目前县长、书记大多都是 90 后，80 后已经很少了。与他们交流“文旅融合落地”，他们想的比很多专家想的都多，做得还好。现在是什么时代？我与洛阳市委书记江凌同志总结的三点，大家可以借鉴一下。第一是颠覆式创意，第二是沉浸式体验，第三是年轻化消费，这就是文旅融合。比如廊坊，河北省委、省政府提出一个口号：“这么近，那么美，周末到河北。”请问文旅融合廊坊怎么办？廊坊市委、市政府着急了，文旅局局长跑到我办公室，我说：“要接住这个口号。”同志们，你们大家说怎么接？我就让他接住了：“这么近，那么美，周末到河北——周末不太忙，我要去廊坊”，这就成了。现在文旅融合的规划跟以前不一样了，怎么不一样？仍然按照国家标准进行资源调查，县长、书记不买单了，资源调查去干什么？第一我们干什么，大家可能感到不可思议。第一去考古现场、去博物馆。我提几个之前不太研究的新词：什么是重要的文化农业遗产，什么是工业文化遗产，什么是非物质文化遗产，这都需要先看遗产。在剧院与演员交流，以前没有过。我举一个例子：之前我们在河南漯河的舞阳县进行考察调研，调研之后才了解到，原来在 8000 年以前，我们就有七音古笛了。我们的祖先钻了七个孔，到现在还能演奏，七音古笛现在是河南省博物馆镇馆之宝。县长、书记问我说：“这个东西好不好？ 8000 年以前就把我们五音不全给颠覆了。”这个古文物，它能变成旅游产品，能变成旅游项目吗？怎么办，我们就颠覆创意。我们跟中国音乐学院合作，正在筹备做首届乡村音乐节。今年 500 多场演唱会，场场爆满，场场盈利。我认为演唱会就是文旅融合最好的点。

现在是年轻化消费，年轻化消费体现得很清楚。刚才我去走廊看都是年轻人在吃蛋糕，我们年龄大一点儿的都坐着不动。文旅融合消费都是年轻人去消费。在这个时代就是年轻化消费，文旅消费就是从文化上做文章，时时刻刻地挖掘、深度挖掘。现在我们正在为一个县服务，提出来我们要做一个产品，做到三个字：小、精、巧，不大投资。刚刚宋老师谈教训，教训是有的。我们去河南做项目有教训就是“只有河南”。“只有河南”投资 50 亿元，在廊坊又投资 50 亿元，像这样的文化旅游项目地方政府非常不赞成。现在给我们提出一个要求，要做“长安十二时辰”。像这样的项目，小而短而精，跟消费者结合得比较紧密，现在是要达到这种程度。

再举一个例子：我们去浙江诸暨，梁祝古城遗址很多人没有去过，但是我想跟大家说仅几块稻田、几块土坡，每年就有 100 多万人次去打卡，这是为什么？因为梁祝古城是我们迄今为止发现的 5000 年以前的城池，这就是文化活化很好的代表。游客去看其实没什么可看的，但是游客就要去。这就是我认为文化消费目前融入旅游一定要紧紧地与旅游产品融为一体的原因。到每个县不做像区、带这种大的旅游规划，就做精项目、做小项目。再比如淄博烧烤，在座的各位那么多人谁去了？最热的时候我去了，为什么去？我要体会一种感受，一个文化消费场景，这些就是情绪价值最好的体现。我认为这就是文旅融合，别玩高大上。地方政府首先是文化旅游最好的执行者，跟县长、书记交流，90 后的县长、书记非常有想法。目前县里经济不景气，他们就要两三年之内做小而精、小而美、小而富的文化创意项目和文旅融合的项目。好的，谢谢大家。

宋瑞：谢谢朱总，您果然是做规划的，信手拈来。我大概总结就是要比甲方更内行、比游客更新潮、比传统更文化、比原来更小微，这个规划才能做好，这个项目才能取得实效。

最后有请北京第二外国语学院旅游科学学院李彬副院长做一个点评。

李彬：谢谢主持人和几位嘉宾，刚才我看了一下时间，留给我的时间不多了，我就长话短说。在我们设计这个环节的时候，大家也能看到，我们嘉宾各自代表在文旅融合大的系统或者大的过程当中，涉及不同的主体。今天来自房山的高局长，从政府工作角度给我们提出了文旅融合工作当中一些关键性的问题。陶老师结合她自己的研究给我们介绍了一下，在文旅融合当中建设文化廊道、文化线路怎么样能够突出关键性的问题。刘董事长结合他们做文旅融合项目的经验，在几个定位方面又给了我们很多实践工作当中的启发。最后朱院长又风趣幽默地结合了自己工作的一些经验，介绍了很多规划和策划当中的体会。

我用三个字母来给大家做个总结，就是 APM。“A”就是主体，大家可以看到今天的对话设计得非常好，不同主体都涉及了，政府、文旅、企业、文化事业主体以及高校和科研机构。刚才从各自主体所代表的单位和从事的工作给我们讲了文旅融合当中要涉及的几个关键点。四位介绍当中还有一个主体我不知道大家有没有感受到，没有专门说，但是都提了，就是人或者叫人民。人民体现为文旅融合当中的游客，游客在文旅融合当中怎么重新定义，还是原来的旅游者吗？还是原来说的顾客吗？可能有新的变化。他们的体验以及怎么认识文旅融合，这是文旅深度融合是否能够落地的一个重要的点。人民还体现为当地的居民，也许叫新居民。在主客共享当中如何发挥他们的作用和提高他们的地位，他们的获得感如何，这也是一个新的课题。还有人民当中的员工，当地的员工和外来的务工人员，这也是体现文旅融合落脚点关键的方面。刚才几位都或多或少涉及了，如果用一个理论来概括，那文旅融合当中以人民为主体的人民理论是不是可以提出来，这是一个新的话题。

“P”指的是路径，刚才几位结合各个方面其实都已经提到了。路径就是如何融合，我们经常讲“以文塑旅，以旅彰文”。引用宋老师在文章当中曾经提过的“文化的旅游化”和“旅游的文化化”，结合刚才几位提到的做法，具体来说有几个关键词。第一在“旅游文化化”的过程当中，一个是消费的符号化。吴局长也提到，在整个新消费的过程中，实际上符号化以及其背后所体现的人文化，其实就把消费引入了一个更深入的层面。当然还有身份认同，通过文化的注入，让消费者对于国家的认同、民族的认同和地域文化的认同等精神层面的和理念层面能够有一个深化，这是文旅融合当中一个重要的方面。所以说为什么那么多音乐节、网红打卡地，尤其后面年轻的同学们去那儿拍照打卡这么流行，其实是追求对文化符号意义上的消费。第二个方面是“文化的旅游化”，刚才几位专家提到很多，包括场景化的打造、沉浸式体验化的植入等，我就不展开了。这两个方面是非常重要的路径。因为时间有限，刘董事长没有说做的项目是怎么融合的，朱院长也是有好多项目。其实有很多案例，后续如果有机会再接着听几位的分享。

“M”就是机制，在文旅融合当中更重要的是机制的保障。更主要的还是体制机制，以及作依托的政策方面的保障。刚才几位在聊的时候其实有一个点，在文旅融合当中市场主体的活力和地位、作用的发挥，有赖于我们整个文旅融合当中机制的创新和政策的创新。比如说我想不光是房山，很多地方政府虽然有时候吆喝得挺好，但是一旦把文旅企业吸引进去了，如何给这些文旅企业赋能，给他们创造良好的营商环境，给他们提供更好的服务，比如说他们交了那么多税，给我们带来那么多流量，怎么给他们提供更好的服务，在政策层面给他们破解很多难题、做好保障，这可能也是一个在机制方面关键的点。厉新建老师带领的团队在做文旅融合机制创新研究方面也有深层次的重要意义。

其他几个方面，包括资金、人才、技术，也就是新技术数字技术和其他技术在创意、体验、运营、管理、治理等方面，怎么样能够落实到文旅融合应用的各个方面，其实也是我们关注的重点。

总之，APM 的总结也不完善，就是我听完之后做的小总结。最后我想说在文旅融合中，文和旅实际上是一对矛盾，从客观上来讲确实是矛盾。在理念、逻辑和实际的运作当中确实存在着对立方面，这是客观存在的，或者也是短期的。但是我们希望在长期能够把它们进行统一，是对立统一，也就是不管是政府还是市场主体、事业单位、规划公司以及科研机构，如何来认识这样的矛盾关系，进而通过平衡矛盾甚至于双方互相进行深度的嵌入，才能把文旅融合推向深入，才能实现旅游目的地文化和各个方面高质量发展。谢谢。

宋瑞：谢谢李老师，果然是老师，APM 模型马上就出来了。不仅点评了专家的发言，而且有自己的发挥。我想最后请每位嘉宾用一句话概括一下您对今天讨论这个话题的思考和感悟。

高峰：刚刚听了之后，借着一句话的机会简单总结一下。我个人觉得应该是“拥抱伟大新时代，扬帆启航正当时，文旅融合一定会随着中华民族伟大复兴而走上自己的复兴”。

刘兵：一句话很短，因为还有很多没有讲出来，很多案例也没有延展。我们需要做的是“讲好中国故事，文化为魂，运营护航。文旅的核心是人多治百病，没有游客什么病也治不好，先做好人的服务，把人引过来，市场自然就有了”。

陶犁：我想说的是“北京市文旅融合要针对北京四个中心建设的发展定位，让新时代文旅产业的发展更好地服务于国家重大战略，在北京这块沃土上做出更多的创新”。

朱万峰：在最后我要说两句。我认为文旅融合第一句是“好故事和好风景的关系，好风景常有，而好故事不常有，好故事就是景区的影响力，好故事决定景区的影响力”。第二句是“文旅高质量融合、文旅深度融合，能够促进旅游业高质量发展，赋予无限可能”。

李彬：我也有两句话要讲。第一句是“文旅深度融合是我们在座台上这几位你们之间先深度融合”。第二句是“在座的前三排和后面几排之间的融合，只有这样才能真正全面地融合”。谢谢大家。

宋瑞：谢谢台上的五位嘉宾，用了整整一个小时与大家分享。我想大家谈得更多的是前一个，就是文旅深度融合，我个人理解通过深度融合我们就能达到高质量发展。特别感谢五位嘉宾，也感谢在场和线上的观众，这个环节的任务圆满完成，谢谢！

圆桌论坛（二）：文旅发展促进北京国际消费中心城市建设

主持人：王金伟　北京第二外国语学院旅游科学学院副教授、院长助理，中国旅游政策研究中心主任，《旅游导刊》执行副主编

王金伟：非常感谢，可能大家听了刚才宋瑞老师主持的圆桌论坛（一）有了一些新的感悟，尤其是对于文旅融合促进四个中心的建设，有了一些新的认识，大家可能也是意犹未尽。

接着进行圆桌论坛（二），咱们这个主题是文旅发展如何促进国际消费中心城市建设。首先请允许我把四位对话嘉宾和一位点评嘉宾邀请上台。

有请中国社会科学院财经战略研究院旅游与休闲研究室主任、研究员，北京旅游学会副会长戴学锋老师，北京市社会科学院国际问题研究所所长、研究员刘波老师，中国旅游研究院国际研究所（港澳台研究所）所长杨劲松，腾讯音乐娱乐集团公共事务部总监牛鸿飞老师，点评嘉宾北京第二外国语学院旅游科学学院教授、中国旅游协会旅游教育分会秘书长谷慧敏教授。

大家都知道，我们国家在全国布局了一批国际旅游消费中心，旅游作为国际旅游消费中心建设非常重要的抓手和旗帜性、标志性牵引的动力源泉是非常非常重要的，所以我们今天非常有幸邀请到了四位对话嘉宾和一位点评嘉宾跟咱们分享这个话题。

第一个话题特别想跟戴老师聊聊，您的学术思想影响了我们很多人，昨天也给我们讲了非常多的未来北京旅游学会的建设和未来北京旅游产业发展的问题。今天我们特别想问戴老师一个问题，从政策解读角度您认为文旅发展在促进北京国际消费中心城市建设中扮演怎样的角色？

戴学锋：非常感谢主持人。我是一个老年人、一个退休人员，人一老了就愿意回忆过去，愿意说过去的事。我想说我是从1988年进入旅游行业，1988年我到北京市旅游局工作，我在北京市旅游局工作了10年，当时北京市旅游局已经接待了第100万个入境旅游者。当时上海一年才接待多少人你们

知道吗？上海每年接待的入境旅游者不到50万人。在那个时期，北京市旅游局所接待的入境旅游者人数和消费额均在中国排名第一，所以当时北京市的旅游业号称中国旅游业的首善之区。然而，随着时间的推移，情况发生了变化。到了2018年和2019年的时候，上海每年接待的入境旅游者为800万至900万人，而北京却只有大概三四百万人。换言之，北京的入境旅游人数还不到上海的一半。这是目前的情况。

所以现在主持人问怎么扩大北京入境旅游消费，将北京打造成为国际消费城市。这个问题我觉得还得从另外一个视角来看，刚才我们说整个大的变化，北京市的入境旅游人数在全国已经排在很靠后了。从历史角度看，有几个时期我们国家特别注重入境旅游消费和国际旅游消费。首先是在1978年改革开放之初，当时邓小平同志算了一笔账：一个旅行者花费1000美元，一年接待1000万旅行者，就可以赚100亿美元，就算接待一半，也可以赚50亿美元，搞旅游还没有还不起外债的问题，所以我们要大力发展入境旅游，为什么？我们要为国家创汇。其次是在1989年以后，大家都知道1989年政治风波以后，特别是1989、1990、1991年那段时间，我们国家特别关注入境旅游消费，以促进经济发展和消费增长。再次是在1998年的时候，我们国家把旅游业定位为扩大内需的支柱产业。另外一个重要时刻是在2008年国际金融危机期间，我们国家明确提出把旅游业培育成国民经济战略支柱产业。你看这几个节点，或者是我们国家处于经济需要发展的阶段，或者是政治经济有一些问题，或者是整个社会有一些波动。在这些时候，我们国家特别注重入境旅游。然而，现在的情况似乎有所改变。在2018年和2019年，我们国家似乎不再特别注重入境消费，国家很多品牌在过去要求入境旅游人数达到一定比例才能挂牌，但现在新的标准已经基本取消了这个要求。这是因为我们认为入境旅游不再那么重要。为什么不重要呢？因为我们发现中国人的消费水平并不比外国人低，国内人均消费可能不如入境旅游者多，但是国内人均消费总量会比入境旅游高得多。入境旅游消费的比重在我们国家这里占比很小，已经不那么重要了。主持人刚才又提出这个问题，一个大的背景是国内消费水平较低，所以国际消费又变得必须重视，这也是一个重要的视角。北京入境旅游和全国比，增速和地位不如 20 世纪 80 年代，整个经济大的环境，确实也需要入境旅游的支撑，这是大的背景。

为什么北京的入境消费水平降低了？除之前舜礼提到的原因外，还有其他原因。一方面，外国人不使用微信和支付宝这两种支付方式，这导致很多外国人到中国来消费就变得非常困难，而且外国人在北京刷卡难度很大。另一方面，现在去很多景点都要预约，而且大部分预约的程序是基于微信或支付宝，如果没有这两个 App，将无法预约进入这些景点。此外，我们需要通过刷身份证来进入预约场所，如果外国人使用护照的话，这个护照里必须得有芯片，很多外国人到中国来拿的护照是没有芯片的护照，所以即使他预约了天安门也去不了。我小的时候去天安门广场可以晚上骑自行车在那儿乘凉，现在去天安门广场没有预约都去不了。所以外国人到北京来，真的是寸步难行。而且，再说我们入境旅游消费的核心瓶颈问题，比如故宫是北京最为雄伟、壮丽的建筑，是北京城的核心。外国人来北京后，故宫是必去的几大景点之一。故宫从原来的每天可以预约 8 万人，现在变成只可以预约 3 万人，而且预约故宫的手机应用程序对外国游客来说使用起来并不容易，无法迅速预约进行参观。因此，外国人到中国来却无法参观任何地方，甚至无法进行消费，这是我们入境旅游存在的一个大问题。除此之外，目前我们国家的民航尚未恢复，签证、免签等政策说了那么多年，至今也未完全落实，还存在各种限制。从国家大的政策上来说，我觉得以前确实一度非常重视入境旅游，所以那个时候旅游局地位非常高。然而，现在入境旅游的重要性似乎有所降低。其实我觉得这种变化也是对的，因为党的十八大提出以人民为中心的发展理念，这意味着国内旅游更为重要。

因此，从各个方面来看，不能按照 20 世纪 80 年代的方式来看北京的国际旅游业以及北京国际旅游业对我们国家、社会、经济的作用。我们应该从积极的角度看待国际旅游消费下降，将其视为一件好事和正常情况。当然，从旅游业本身的角度来看，我们仍需努力恢复。我就说这么多。

王金伟：听得特别过瘾，非常感谢戴老师，戴老师从政策演变、国家旅游发展的演变历程来回顾了北京在整个中国旅游发展当中的重要位置，以及北京面临的哪些机遇和挑战。我觉得这个真的是在建设国际旅游消费中心的时候需要关注、反思和思考的一个问题。刚才戴老师还提到非常大的一点，就是全球统一、市场建构的问题，这里面会涉及要素的流通、集中的一些问题。

那今天也非常有幸地邀请到北京社科院国际问题研究所的所长刘波老师，刘老师长期从事国际化的问题研究，尤其是国际高端消费市场的研究。非常想请问一下刘波老师，在国际消费中心城市建设过程当中，文旅国际高端要素的具体，它存在哪些特征？在全球要素聚集和资源匹配的能力方面，北京消费中心的建设存在哪些差距？以及我们怎么去改进它呢？

刘波：行，感谢主持人这三个问题。因为我是从事北京的四个中心之一的国际交往中心建设，总书记在2014年2月视察北京提出“四个中心”之后，2015年，我们团队就出了《北京国际交往中心建设研究专题》一书，所以我从北京四个中心之一的国际交往中心建设谈一下我粗浅的认识。

第一，我感觉刚才高舜礼老师和戴学锋老师讲的一个点，就是入境旅游，这个应该是国际消费中心建设中非常重要的一方面。在2020年疫情暴发之后，我们在2020年底、2021年初的时候做了入境旅游相关的研究，当时市政府领导就委托给我们一个课题，分析北京入境游为什么从2015年接近500万、490多万到疫情前2019年的时候200多万、300万，接近腰斩。我们分析来分析去，有很多原因导致了这种现象，但是后来我觉得这些原因可能都不是根本的原因，根本的原因在于大的百年未有之大变局，包括国际化的地缘政治等因素的聚集以及大环境的变化，导致了入境游的急剧下降。但是，我觉得入境游在国际消费中心建设方面是一个非常重要的指标，这是第一个点，关于入境旅游这块的重要性。

第二，北京国际消费中心建设要吸引国际高端元素集聚。今年上半年，我们团队对落户在北京的国际组织进行了调研，走访了十几家落户在北京的国际组织，其中包括一些国际社团性组织和京外非政府组织。这些国际性组织具有国际的消费能力，能够举办国际会议、国际会展，同样也能够带动相关的消费的延伸产品来到北京。所以，我觉得国际组织和跨国公司入驻北京对于提升北京高端元素的集聚和推动北京的国际消费中心的建设起到了积极的作用。然而，我们在调研过程当中也发现一些吸引国际组织落户的若干问题，实事求是地讲，包括语言问题、住宿问题、宗教问题、餐饮等一些问题，这方面后面我会再简单说一下。这是第二个点，就是国际组织和跨国公司这些国际高端元素的集聚，能够很好地推动一个城市的国际消费能力的提升。

第三，北京国际消费中心城市建设非常重要的一个特征就是国际语言环境。为什么说国际语言环境对国际消费中心城市建设很重要呢？大家可以去感受一下，包括我们的邻居首尔或者东京，或者其他的重要旅游城市，国际语言是通用的语言。很多国际游客来到城市，他面临语言的壁垒，因此为了解决这个问题，城市需要加强国际语言环境建设。北京市在 2021 年下半年出台了《北京市国际交往语言环境建设条例》，这是全国第一个地方语言条例，这个条例很好地促进了北京市的国际语言环境建设。然而，北京在建设国际消费中心城市过程当中还存在很多问题。今天上午我坐地铁来的时候，在地铁 8 号线里发现了一个问题，这个问题我们从去年就开始研究了，比如，地铁里面的翻译，中国美术馆，它直译成中国美术馆，但是音译为 National Art Museum，这已经进步了。当然，国际上有很多地铁语言的通用翻译，对于北京西站、北京站这样通用的语言怎么去翻译，学界包括很多规范、地方条例是有一定争议的。但是从推进国际消费中心的建设角度来说，上半年我们一批专家针对这个问题写了一份报告，提交给了相关政府部门。近期，尤其从 6 月份之后，北京市政府对一些重要公共场所语言环境进行了调整，包括地铁在内。对于乘坐北京地铁的乘客来说，这些调整可能已经对他们的出行体验产生了影响。尤其是当他们前往 CBD 区域时，会发现一些显著的变化。这个我觉得也是非常重要的一点。

第四，北京国际消费中心城市建设要注重国际化的服务。所谓国际化的服务包括了以下几个方面。首先是国际医院，对于入境游客和落户在北京的国际组织、外籍人士来说，他们面临的一个国际化服务问题就是国际医疗，他们去医院就医需要解决语言障碍问题，这就需要国际医院提供高质量的服务。其次，他们也需要关注孩子的教育问题，因此国际教育也是国际化服务的重要方面。此外，还包括国际社区，虽然北京在国际社区这方面比深圳、上海起步得要早，但是我们近两年去深圳、上海调研，发现深圳、上海的国际社区虽然发展得晚，但是的确走得很快。我们之前在北京做了一个 8 个国际化社区的建设规划，但是后来又在 8 个国际化社区规划基础之上扩展到 16 个、20 个，但是具体效果怎么样，还有待进一步的评估。这个我想可能是国际消费中心城市建设中的主要特征。

如果要说不足的地方，可能也是我之前讲的这几个特征，包括入境游、语言环境和怎么去出台更好的措施推进北京国外高端元素集聚。作为对外开放的高水平窗口，北京是外国人来到中国的第一扇大门，那么怎么更好地做好服务工作？如果说建议，我自己研究的体会就是要提升城市温度，这个温度里面当然也包括便利度。国际消费中心城市建设，并不在于大、并不在于高、并不在于上，更多的在于游客来到这个城市能感受到这个城市对于游客主体的一种尊重、一种温度。游客感受到这个城市的温度，就会很享受这个城市，并且能够感受到这个城市给自己带来的便利化，我想这个可能是我在研究过程当中感受最深的一个点，我就讲这么多。谢谢！

王金伟：谢谢刘老师，刘老师从自己研究这么多年的积累和实践经验跟大家谈了很多关于国际消费中心建设的问题与建议，我从刚才刘老师谈话当中总结了两点。一个是建立容量。容器的建设、框架的搭建，这个是非常重要的。硬件的搭建，要达到一定的世界水准，这个是毋庸置疑的，可能现在也是比较容易达到的。第二个是要素的聚集，就是内容建设问题，内容建设里面我们的要素流通的顺畅性以及文化的建设，还有刚才刘老师讲到温度的建设都是至关重要的。

文化的互通、互融和交流问题，这个在国际文化交流当中也是非常重要的。我们也知道现在大陆的国际消费中心建设和中国港澳台地区的建设有一定的差距，同时和国外的一些城市建设相比也存在一定差距。所以我们今天邀请到了中国旅游研究院国际研究所（港澳台研究所）所长杨劲松老师。那杨老师我特别想请问您，在与国际上成熟的消费中心城市相对比，北京存在哪些差距？同时与中国港澳台地区相比，北京有哪些可以去缩短差距以及可以给我们提供经验和借鉴的地方？

杨劲松：谢谢主持人，也谢谢邀请，能够有机会和大家在这里交流。其实，对这个成熟我有自己的粗浅看法，我觉得成熟是对于某一个目的地来讲，比如对北京来讲，或者对其他世界任何一个城市来讲都有自己不同的成熟路径，所以这种成熟路径我们可以借鉴。但是成熟是每个城市它自己的成熟，而不是从其他地方简单复制的成熟。所以在这里我觉得北京可能正在形成自己成熟的国际旅游消费中心的摸索过程中，这种成熟我们不能够拿其他城市来进行简单的定义，这是第一个想表达的观点。

第二，我是想说这种成熟的路径虽然是独一无二的，但是我们说其他的这样的一些地方我们确实也可以借鉴，他们成熟的路径也有值得我们至少是可以发现问题和思考的地方。比如好的商业环境、有品质的生活等，都是值得我们借鉴的。好的商业环境它是没有止境的，品质生活也是没有止境的，包括游客的满意度同样如此。那么在这种情况下，纽约、巴黎、东京、新加坡等一些城市实际上在某一方面都非常突出，比如新加坡有良好的商业环境、很好的交通、很好的多元文化和语言环境。在这样的情况下我们怎么来学习它？怎么借鉴它？这里面就有一个问题，我们最重要的优势在哪里？实际上在看到这样的城市的时候我们会看到很多的优势，那么这种优势它中间总有一个特别突出的，而正是这个特别突出的优势，使得这样的国际旅游发展并形成更加突出的吸引力。我想北京可能在这个方面会有它自己的优势，比如北京是大国首都，是首善之区，是国际化条件最为充足的一个区域，那么在这种情况下怎么来发展优势？刚才大家讲到很多有关入境旅游发展的真知灼见，我都很赞同，在这里我也想表达我的观点，我们来讲入境旅游发展的时候，我们可能最大的一个优势在什么地方呢？是在我们中国现在正在经历的前所未有的复兴进程、中国式现代化的进程，我们怎么把这样的优势、吸引力发挥出来。

我昨天刚刚从金华回到北京，谈到金华的时候大家可能更多想到的是金华火腿。但是金华有两个地方特别有名，我们听说的有中国的横店，还有世界的义乌。我们谈到这个的时候，文化和商贸深度融合方面的吸引力是无法抗拒的。我们讲要建设国际旅游消费中心城市，在义乌有很多来自世界上几乎所有国家和地区的人，大包小包的买东西，而且全都是大单，不是小单。在这样的情况下，我们怎么来定义义乌？是以旅游为中心，还是以商贸为中心，或者两者兼而有之，我们没有办法定义它。那么对北京同样如此，北京在境外游客的心目中到底是一种怎样的存在？有正面的，当然也有负面的，那么怎么把正面的尽可能地扩展开来，尽可能地提升，这需要北京把自己的优势尽可能提升起来。另外，反过来还有一些因素，北京国际消费中心城市建设过程中有很多短板，包括刚才刘所长说到的语言环境问题，这样的因素我们要尽可能地采取一系列措施把它控制在大家容忍的范围之内，以确保不会因为这个问题而使得大家到了北京之后寸步难行，或者在来之前就望而却步。包括戴老师说的很多很多，其实都客观存在，我们怎么来把它解决掉。

总之，概括起来，第一是我们要有我们自己的成熟路径，我们要有自己的成熟的模式，我们在探索北京自己的道路。第二是我们要把自己的优势凸显出来，形成压倒性的优势。第三是相关的影响游客到访的因素包括便利度不足、语言环境问题等，我们要尽可能消减掉，可以通过引入一些技术的方式，比如人工智能，在语言方面也可以进行这方面的探索。我就先讲到这里。

王金伟：谢谢杨老师，杨老师讲得非常好。条条大路通罗马，但是不管选择哪一条道路可能路径都是不一样的。北京在国际旅游消费中心城市建设过程当中，这条路径应该怎么做，我觉得是值得我们每个人思考的，而不是简单复制国际上的一些所谓的先进经验和成功路径。所以中国需要摸索一条中国特色的建设路径，这是非常重要的。

另外，刚才听了杨老师的观点，还有一个思考，可能现在学界和业界在关注国际消费中心城市的时候，关注的三个关键词里面包含着国际、中心和消费。但是很多人关注到什么是国际，或者国际是什么，中心是什么大家也考虑得很多，但是消费是什么，似乎很少有人去关注和思考这个问题。到底我们到这边来消费是什么，只有把这个内容建设好、思考好，未来才能真正实现国际消费中心城市的目标。在这个建设过程中有非常重要的力量，尤其是近几年出现了很多新兴的高科技手段，腾讯在这个方面做了很多探索的工作。今天非常荣幸邀请到了腾讯音乐娱乐集团公共事务部总监牛鸿飞先生，牛老师您能给我们简单分享一下科技在北京国际消费中心建设过程当中能起到哪样的一些作用以及怎么利用科技更好地发挥文旅在引领整个建设的过程当中的动能问题？

牛鸿飞：谢谢主持人，谢谢主办方邀请腾讯音乐娱乐集团来参加今天的北京对话。我们作为一个企业，今天能听到这么多专家学者的分享，确实是学到非常多的知识，受到很多启发，非常荣幸能参加今天的活动。

我们讲的方面可能更接地气一点儿，更落地一点儿，我也会提到一些案例。从刚才您讲的这个方面，包括数字化和创新，其实在近两年已经深入每个人生活的方方面面，在文旅消费的场景里面也是体现得非常多。尤其是前几年在疫情影响下，线下各种消费场景都受到了很大的限制，人与人的接触都是受到限制的。所以各个科技企业也创新开发了很多线上的消费新模式，包括大家听过的像云演绎、云逛街、云逛展、云阅读等，有很多这样的一些词汇，有些词汇发展得比较初步，有些其实已经拥有了很大用户的消费群体，也有了一个很固定的消费习惯。比方说，在我们生活身边，像地铁里面的自动售货机、刷脸支付，这其实就是近两年忽然好像很自然而然地出现在我们身边，好像一直都在似的，但其实是这两年才刚刚新有的。还有像一些虚拟现实和增强现实的设备，还有配套的一些软件，还有今年前半年大家常提的NFT 数字藏品，其实也是一种文化消费的新模式，在线上也受到一定程度的欢迎。其实这些数字化的创新的文旅消费模式对建设不管是北京还是别的国际消费中心城市，增添了很多的吸引力。因为在国际上来讲，很多国家都知道中国在数字化和创新方面是走在比较靠前的位置上的。当然，与很多世界一线的发达国家相比还有一定的差距，但是与很多周边的一些旅游目的地相比，我们国家确实是走在比较前面的。很多来到中国的国外旅游者，或者是在华生活的一些外国人都会被中国的科技化和创新化的发展程度所折服。很多外国人会有自己的自媒体平台，像 B 站和抖音，他们都会有自己的账号，他们会拍视频说中国好先进，好像活在未来一样，而回到自己国家就觉得特别不习惯，中国这么方便的东西怎么在自己国家没有？这些都是增添了在中国消费、让北京成为国际消费城市这样一个新的吸引力。

然后，我们作为一个企业，其实在这个方面也会做很多的尝试，将文旅消费场景与国际消费中心城市建设做结合。我想举两个例子，第一，以我们公司为例，我们公司会有 TMElive 线上演绎这样一个品牌，2019 年开始在疫情影响下推出线上消费品牌，我们会把传统的线下音乐会搬到线上来，让明星和自己的歌迷朋友们有更多互动的机会。从 2019 年到现在大概已经举办了 100 场线上演唱会。而且我们也发现，线上演唱会已经不仅仅是线下活动的替代品，由于科技的助力，它还有了很多自己独特的魅力，比如可以有更多互动方式，人们可以在看线上演唱会的时候，选择不同的机位去看自己喜欢的唯一明星，而不看别人。或者用自己的硬件设备如麦克风可以和明星一起唱歌，或者是其他一些更好玩的互动方式。大家知道今年线下重新开放以后，各地都在举办音乐节和演唱会，这个对助力吸引线下游客有非常大的作用。但是我们发现在这种情况下，线上的音乐会并没有被埋没掉，人们已经形成这样的消费习惯，在闲暇之余还是会打开线上平台去看线上的音乐会。所以我们会开始把线下音乐会和线上音乐会做一个结合，会把在地方举办的音乐节跟线上传播做结合，这样一方面可以让某一个地区自己举办的音乐会有更多的全国的受众，另一方面可以让全国的用户能了解到某个地方在打造音乐名片，会让自己的城市更青春化、更活泼，从而吸引全国各地的游客去这个城市旅游。或者是帮助一个城市打造一首主题曲，这首主题曲可能是富含城市历史文化内涵的，像以前在网络上广为传播的《成都》这种主题曲，确实有让大家想去成都走一走、逛一逛的欲望。第二个例子，刚才有老师提到情绪价值，现在线上有很多虚拟社交空间，为很多年轻人和年轻消费者们提供了很强的情绪价值，有很强的陪伴作用。年轻人愿意用虚拟形象在虚拟社交空间里面待很长时间，他们可能只是偶尔在上面发几句话，但是会一直挂着，这样有很强的用户黏性，这也是一种可以推广传播或者打造线上消费平台的方式。

王金伟：的确是的，牛老师，其实我们要把新技术推到市场上，尤其要让广大的年轻群体接受它，首先要做的事是改变他们的消费习惯，进而采取多元化的手段让大家更好地去接受、去推广，用这样的技术来更好地服务我们国家的社会经济的发展和国家战略。

大家都知道二外是中国旅游界的黄埔军校，同时深耕旅游界很长时间，而且取得很多硕果。我想问一下谷教授，您在这么多年的深耕过程当中，以及在跟各位的探讨当中有哪些感想和经验？能不能跟我们谈一下？

谷慧敏：谢谢主持人，因为主持人给我定位的角色是做点评嘉宾，所以我今天就不更多地谈我个人将近 39 年当老师的经历以及感受了，这个可以在其他场合交流。

我想还是围绕刚才我们这场主题谈点儿感受，因为我觉得四位嘉宾的话说得都太精彩、太优秀了，实在不敢说叫点评，我就围绕四位刚才给我的启发谈一点儿感受，可以用四个字总结，是“三度三实”。三度是有高度、有深度、有温度，三实是讲实话、见实言、出实招，我围绕这个感受略微说明一下。

谈到有高度的时候，四位嘉宾其实分别从不同角度，包括从国家战略角度，从国际视野角度，从整个跨业态的全方位的视野的角度，进行了很言简意赅的归纳和总结，应该说一下子把整个北京对话的主题进行了升华，使得我们对北京的认识不仅仅停留在很具象的、很小的视角上，应该说我们整个北京对话的高度确实具有了最高等级的评论。刚才的这些例子不用我更多的复述。

第二度是有深度，我感受特别深。一个是理论的深度，刚才几位嘉宾给我们提出了很多新的跟理论有关的命题，包括城市建设有关的新的理论命题，比如什么是消费中心城市？什么是国际交往中心？这里面的指标体系又有哪些新的见解？比如像刚才刘教授的话，提到很多新的颗粒度的问题，旅游的外语语言的问题，还有包括国际组织这样一些新元素，过去我们更多的是谈外国游客如何从外面进来，这样的维度我们谈了 40 多年，但是现在如何通过国际组织和长期在北京生活、工作的国际友人带来对旅游者、旅游市场的促进作用，这个研究在我们国内目前是不够的。虽然国际上对这一理论有一定的研究，但是国内的学者对这块的研究，我觉得是远远不够的，包括实践界对这个认识不是很深刻，其实这块都提出来了。再比如刚才几位都提到新的一些命题，比如北京的定位问题、北京模式问题、北京的道路问题，还有刚才几位提到新旅游、新场景和新互动等，这些我相信对在座的，尤其是研究生来说，去寻找你们的研究点、寻找你们对中国旅游业的贡献、对北京的贡献都起到了非常好的引领作用，这是我觉得的理论深度。第二是实践的深度，刚才几位提到的一些细节都对我们很有启发，比如腾讯的老总提到通过科技赋能音乐，通过音乐这样一个很细微的角度切入如何去把一个地方城市通过技术赋能让它变得更为广泛传播，变成更为宏大的市场。再比如地铁语言翻译问题，我相信在这个地方讨论也是具有特别现实的意义，不用我更多地提。我刚才提到的深度里面还有一个就是历史的纵深感的深度，刚才戴教授的话提到北京最初的地位到后续的地位的演变问题，以及未来的北京将走向哪里，这些都给我们从历史视角指出了我们从哪里来，我们是谁，以及我们未来到哪里去，这些历史的纵深感也是非常深刻的，这是我想谈的第二点，就是深度。

第三个感受特别深的就是真的有温度，四位在发言中，包括举案例的过程中不再仅仅局限于宏大叙事，或者仅仅是做概念、做名词，而是更多真正深入城市最核心的本质的问题，而且无论是人文科技，还是我们所说的以人民为中心、以旅游者为中心、以所在地的居民为中心，这些都让我深刻地感受到大家对于北京的大爱、对产业的大爱、对旅游者的大爱，感觉到了特别高的温度。尤其是提到细节的各种各样便利化问题，我想这个可能是北京未来的高质量发展中更多要去完善或者说是提升的问题。

我相信大家从四位的发言中感觉到我们不仅仅是停留在口号层面，实际上很多都非常真实，真实体现了真正的学者的话以及来自产业界的这些在一线工作过的人的话，不仅仅为了讲虚话、空话、套话，我们北京对话的基因就是要讲实话，所以这是我想说的三实里面说的是真话，见的是实实在在的实言，出的是实实在在的实招。大家考量一下如果刚才专家们提到的这些能够在未来实施，我相信对北京整个国际消费城市建设，乃至更大的四个中心建设，一定会起到真正的促进作用。

总而言之，我们这一场是真正的北京对话，是真实又高水平的北京对话，而且是有深刻洞见的北京对话，对我也是一个很好的学习机会，谢谢。

王金伟：非常感谢谷教授。本来刚才时间充裕想问谷教授几个问题的，结果没想到在点评过程中这些问题其实也植入进去了。而且，我还总结了三个真字，一是真切，二是真实，三是真心。咱们这场对话非常有高度，同时每位专家也真切地去关心国家的大事，关切国家的战略和发展，用真心为北京发展把脉和为咱们国家出谋划策。

最后时间我想请各位专家用一句话总结一下，有请戴老师。

戴学锋：我觉得北京要想成为一个国际消费中心城市可能除了高大上的东西以外，要突出北京的特色，可能也是非常重要的，我就说这些吧。

刘波：在北京 2016—2035 年总体规划里面，北京划了九个区，其中一个区是国际旅游区。但这个区域说实话，目前我看渠道里放什么地方还没有一个非常好的规划。虽然整的东西是大的区域规划，但具体怎么落地还没有，我想国际消费中心城市建设应该与国际旅游区紧密联系在一起。

杨劲松：北京是北京的北京，是中国的北京，更是世界的北京。北京在建设国际旅游消费中心的时候要集聚起北京的力量、国家的力量、全国的力量，同时要集聚起世界的力量，这是一个开放的事业。

牛鸿飞：希望更多的像腾讯音乐这类的不以旅游为主业的企业能够更好地参与到“文旅 +”建设中，以及在北京建设国际旅游消费中心的工作中贡献自己的力量，谢谢。

谷慧敏：北京不是简简单单国际大都市的复制，或者简简单单的翻版，北京是独一无二的北京，世界上任何一个城市都无法和北京相比，所以北京走在了一条创新引领之路上，而这条路能否走通关键在于人才。

王金伟：非常感谢几位，北京国际旅游消费中心的建设，不是一言两句能说完的，是一项系统性工程，需要我们持续去关注。

主旨演讲（二）

主持人：吕宁　北京第二外国语学院旅游科学学院教授、院长，北京旅游学会副会长兼秘书长，北京旅游发展研究基地副理事长

吕宁：各位在座的领导、专家学者以及同学们，大家下午好，非常高兴我们又来到了今天北京对话的下午板块。

上午，大家在这里聆听到了两个高瞻远瞩的主旨演讲以及两场既聚焦全国又立足北京的圆桌对话。在二外和文旅对话平台当中，我们一直坚持着“官产学研”的结合，将产业的实践和理论的思考紧密地相结合。

下午，我们也将非常荣幸地请到文化和旅游领域的两位专家，为我们带来两场精彩的主旨演讲，同时还有两场圆桌对话。

首先，有请今天第一位来自文化领域的专家，他是来自中央财经大学文化经济研究院的院长、龙马学者特聘教授，文化和旅游部研究基地首席专家魏鹏举教授，魏教授今天给我们带来的题目是：传统文化激发消费新活力。该题目既符合文化和旅游融合的主题，又特别契合消费的新场景。我们也希望魏老师给我们的主旨演讲能让我们有新的收获。有请魏老师。

传统文化激发消费新活力

（中央财经大学文化经济研究院院长、龙马学者特聘教授，
文化和旅游研究基地首席专家　魏鹏举）

一、序言：文旅复苏与消费分化

文旅中最重要的话题是消费，尤其是内需的话题。国家统计局的数据显示，2023 年上半年，文旅复苏势头良好，但呈现城乡分化的问题。2023 年上半年城镇旅游收入同比增长 108.9%，农村居民旅游收入同比增长 41.5%；人均消费增长差距更大，22.6% 对比 -1.9%。其中 GDP 增长了 4.9%。就分项贡献而言，“三驾马车”中贡献最大的是史无前例的消费，三季度的 GDP 贡献占比超过了 82%，投资占比 20% 左右，进出口呈现负增长。由此可见，消费发挥了最重要的作用。而目前最活跃、最有潜力的还是文旅消费。

2023 年 11 月 9 日国家统计局公布的一些经济数据显示 CPI、PPI 均呈下降趋势，因此很多人担心中国可能会出现整个经济停滞的问题。如何激活消费，尤其是内需，毫无疑问是当前经济发展的主题。而文旅消费是被寄予最高期望的消费。其中，文旅消费在今年上半年的复苏非常强劲，但就文化和旅游这两部分的总体消费而言，很多专家提到旅游消费客单价增长较慢，甚至下降，而文化消费却在疯狂地增长。前段时间在西安有 TFBOYS 的演唱会，黄牛票价最高炒到 200 万元，最低炒到 2 万块；此外有人真金白银地花费好几万块钱买周杰伦演唱会的票，这些举措是非常疯狂的。

美国的经济形势主要有两方面：一方面是从数据上来看，在疫情后数据上增长总的态势呈良好状态，但是美国民众的感受不佳。一个美国民众的调

查数据显示，70% 的民众认为美国的经济很糟糕，但是美国人花钱并不节俭，这与美国政府发了较多的钱有关系。另一方面是美国就业比较充分。美国人的消费最主要集中在文娱消费这方面，也同样愿意花好几万块钱去看演出，但又觉得经济很不好，这种矛盾的心理被他们称为“末日消费心态”，即无论发生什么，只需要自己愉悦即可。

从中国上半年的情况来看，文化消费的平均消费是增长状态的，即人们仍然愿意为情感、信仰和感觉买单。正如马克思·韦伯的一句话：人是悬挂在自己编织的意义之网上的动物。人是一个意义动物，追求意义和价值的动物。从根本上，无论是旅游的根本需求，还是一般意义上的文化需求，根本上还是人们在寻求意义。

在文化自觉和自信不断提升的大语境和大趋势下，传统文化的传承和发展在保障我国文化主体性的同时，也融入中国式现代化的进程，呈现文化繁荣与经济高质量发展交融互渗的现象。传统文化激活的消费，不仅仅是狭义的文化消费或者文旅消费，还是整体消费。如新能源汽车中所宣传的国潮，也是传统文化、传统元素和传统审美。显而易见，大背景是文化自觉和自信不断提升。

00 后已经远远不是 Z 世代了，实际上的 Z 世代是 85 后。但如今主力军可能是 00 后这一代人。他们这一代人整体都生活在文化自信、文化自觉的大语境中，而且他们可能从胎教开始父母就会强调中国传统文化的教育，如对古诗词的背诵等。再如《长安三万里》的动画片，很多年轻人在播放现场激动地跟着一起吟诵唐诗。现在的年轻人在这个文化自觉、自信的意义上，比 70 后、80 后这一代人做得更好。在这样一个大的背景下，中国传统文化深入人心，对中国的意义首先是保障文化主体性、文化的认同。一个国家或者宽泛意义上的民族，它的内在凝聚力一定来自文化认同，如果没有文化认同，仅仅靠国家的强制力量实际上不足以让一个国家、一个民族成为一个真正的有机体。所以文化实际上是一个身份，而这个身份对于一个大国而言尤其重要和关键。

习近平总书记在2023年6月2日的“文化传承发展座谈会”上的讲话意义非常重大，总书记指出文化关乎国本和国运。在文旅融合的背景下，文化和旅游相互融合、相互支撑。此外，旅游非常重要的意义和价值就在于一方面增强了文化凝聚力，同时提升了文化的魅力和影响力，在这个过程中实现了相得益彰，即一加一大于二的综合效益，保障了文化主体性。

同时中国传统文化也融入了中国式现代化的进程，文化的传承和发展与经济的高质量发展互渗交融。从两个层面展开，第一个层面是两创激活文化消费，即传统文化的创造性转化和创新性发展激活整个文化消费的展开。无论是传统文化消费还是数字文化消费，还是文化贸易，内外消费都发挥着极为重要和显著的作用。第二个层面是国潮激活整体国民消费和综合国民消费。

在此，梳理一下2023年上半年以来整体文旅消费的情况和一些个人看法。基于文旅部每两个月或一个季度举办一次的文旅经济发展形势研判，对2023年上半年以来整体文旅消费的研判称为“文旅复苏与消费分化”，既保障文旅复苏，同时又要解决目前存在的消费分化的问题。

首先是旅游人数增长但消费降低，尤其是客单消费，从今年上半年各项数据来看，似乎并没有什么增长。这也是旅游领域关注比较多的问题。其次是城乡文旅收入与消费二元化分化突出的问题。对此，给出一个建议——解决城乡文旅复苏和分化的“文旅金脉”建议，特别推荐通过金融机制来解决文旅复苏和发展问题。主要有两个原因：其一财政资金是有限的，所以财政助力是乏力的，财政的范围有限及其应用的领域较多。其二依靠财政会导致效率低下。有数据显示，最近30年来，公共财政一般预算对于文旅领域的支出是负增长。目前，国家财政对于文旅领域的投入力度明显不足，2023年第一季度与上半年的数据显示，全国一般公共预算的文旅口支出都是负增长（-2.7%和-1.3%），相关固定资产投资增幅也只有0.4%和1.3%。国发124号文件今年年底到期，明年又要开启新一轮国家整体文化经济政策，这一轮的文化经济政策一定会包含旅游政策的问题。从文化经济政策的研判来看，

2011 年十七届六中全会提出财政对于文化领域的投入中要求政府要不低于财政的一般预算的收入增幅，而这一要求只有 2011 年、2012 年实现了，再往后几年都没有达到这个水平，甚至这些年不但没有正增长，反而是负增长，更别说不低于公共预算的一般收入。此外税收政策也很难，税收是国家政策的根本，基本上没什么调整空间了。所以目前更有效、更积极的可能是与金融相关的政策。

最近西藏拉萨与光大银行合作推出的"银联阳光 318 旅游卡"很有推广价值，其突出的意义是，文旅消费通过金融的脉络，将综合发展红利送达毛细血管终端，覆盖到最广大的人群，可以"润藏"，可以"助老"，可以"兴农"，简要概括为"文旅金脉"。他们用普惠金融方式推动 318 沿线支柱型的文旅各类消费，比如说民宿或小吃店，尽管人们用微信支付，但实际上走的还是税务口，有可能还是银行的支付体系，所以金融的终端是可以覆盖最广大的边缘群体，财政实际上很难做到这一点。再比如说中国农村书屋，原来每年大概有 5 万元的公共财政预算，实际上这些钱最后落到农村书屋时大概不到 2 万元，绝大多数的资金都在中间一点点截流了，所以还是金融手段更好。

二、"两创"激活内外文化需求

1. 传统文化消费

2022 年年底至今，有一个现象级的消费——淄博烧烤。淄博烧烤完全是一个偶然现象，一方面淄博肯定不盈利，另一方面淄博当地的付出远远大于其收入，因为为了维护烧烤时期的社会稳定，当地的官员付出了大量和巨大的时间和精力，很多当地的公务员半夜巡逻来保障当地的社会安全。所有的党政机关、医院和学校腾出地方让网红们来做直播。而网红们在蹭流量之余，到一定程度他们会反噬，所以山东省花费了很大的力气做舆情工作。而且淄博烧烤从国家政策面上得不到支持。以创建卫生城市为例，淄博的模式在全国不可能实施。很多城管领域的工作人员对淄博的烧烤现象非常地反感。因为没有办法进行城市管理，所以淄博烧烤称为“傻乐的淄博烧烤”。目前实际上烧烤的热点很多，但主要趋势是室内烧烤。

在离北京不远的唐山烧烤，其和淄博的烧烤均为2022年中国烧烤的两个极端现象。唐山有一个地方叫唐山宴，其成功的经营模式在整个河北省都在复制，被称为非遗美食博物馆。而这种业态基本都比较成功，并且符合中国国情。因为室内的烧烤适合一年四季的消费，在室内既可以品尝美食又能娱乐，如唐山的非遗美食博物馆中即有较多的非遗类型表演。此外，这种室内的烧烤覆盖各个消费层次。因此，淄博烧烤如果作为当时吸引客流非常大的烧烤模式可能也需要向室内烧烤发展，并且需要将非遗与美食进行有机结合，以此与老百姓最基本的消费相贴合。

另外一个火爆的现象是整个演出市场，无论是一、二线城市，还是三、四线城市，在2023年都呈现一个极其火爆的现象。比如TFBOYS的合体演唱会，使得陕西西安被迫暂停一段时间的演出活动，并且产生了很多负面影响。同时，这一演唱会确实导致了严重的黄牛炒票现象。也正是在这样的背景下，公安部和文旅部联合出台关于演出票务市场管理专门的规定，要求放票第一次达到85%，而且全部实行实名制。

2. 新兴文化消费

文娱市场在今年确实非常火爆。从电影市场票价可以看出，在十几年前全国的电影票价平均是26元，现在是46元左右，因此实际上电影的票价是增长的。但总体而言不及预期，在不及预期里面，比较火热的电影还是与中国传统文化相关的电影，比如《满江红》《长安三万里》。其中《长安三万里》这样与中国传统文化密切相关的电影，不仅即时的电影市场表现得火爆，而且口碑不断增长。从开始放映起，《长安三万里》的豆瓣评分就不断地在增长。实际上《长安三万里》所做的广告投入较少，但由于口碑效应，其售票数在不断地增加，并且IP价值授权价值越来越大。

西安市有一个非常著名的基于传统文化IP而建设的文旅类综合项目，叫

“长安十二时辰”。其关键的商业模式比较好，客单价平均四五百元。他们的团队表示已经专门购买了《长安三万里》的版权。与中国传统文化有关的主题版权价值在进一步提升，而且长期价值目前越来越好，这是文旅复苏中的一些消费分化现象，既有城乡消费分化的问题，也有旅游和文化这两方面的一部分分化现象。

从 2023 年上半年总体而言，文旅仍然相得益彰。就文化部分而言，它带动的消费效果相对更突出一些，而且有可能会更长久一点儿。因为从根本上来说与人是意义动物这个特点有关，即人一旦满足了刚需以后，意义动物的特点可能会被进一步强化和突出。尤其是在中国当前的语境下，一个方面是毫无疑问的，我们的经济总量已经稳定在老二的位置上。而且按照之前的预期，我们认为超过美国也是指日可待。至少从购买力的水平来看，有很多经济学家认为早就超过美国了。这是经济发展的状态，到这个状态文化自觉、文化自信一定会增强。

这几年在文娱领域投资最火的是游戏和短剧。最近有一个游戏名为《完蛋，我被美女包围了！》特别火，并且带动了整个资本市场的火。这个游戏是用视频制作而成的，用户只需要花费 45 元就可以与 6 个美女约会，有 100 多个小时进行各种各样约会的尝试。此外短剧方面，前段时间名为《逃出大英博物馆》的短剧很火爆。讲述的故事是大英博物馆出现遗失中国文物的问题，中国人开始考虑中国被大英博物馆收纳的文物如何逃出大英博物馆。中国到了这个状态，我们的文化自觉、文化自信一定会提升的。

此外，文娱市场的火爆得益于中央的提倡。从 2013 年总书记到曲阜，在孔子研究院第一次提出“两创”，经过十几年的时间，当年的“六二讲话”进一步把文化传承和发展上升到整个国家的文化战略地位，而且在 11 月 7 日的全国宣传思想文化会议上明确确定了习近平文化思想核心是文化传承和发展的一部分。因此总体而言，当前中国的文化无论从发展状态，还是从国家整体战略面上来看，都进一步得到了社会意义上的广泛认可和强化。

“两创”，即文化的创造性发展和创造性转化，激活了内外的整体文化需求。一方面是传统文化消费在这样的背景下很火爆。根据京东的数据，比如说传统图书消费，是文化消费里面最传统的部分。图书消费中目前增长最快的、始终保持在前列的是与中国传统文化有关的图书内容消费，包括将传统内容改编成漫画、动画这一类的图书。总体而言，从图书消费增长来看始终保持在前列，这是对传统文化的消费，即文化消费中的传统业态。另一方面，表现在对于新兴文化的消费，比如数字文化消费。

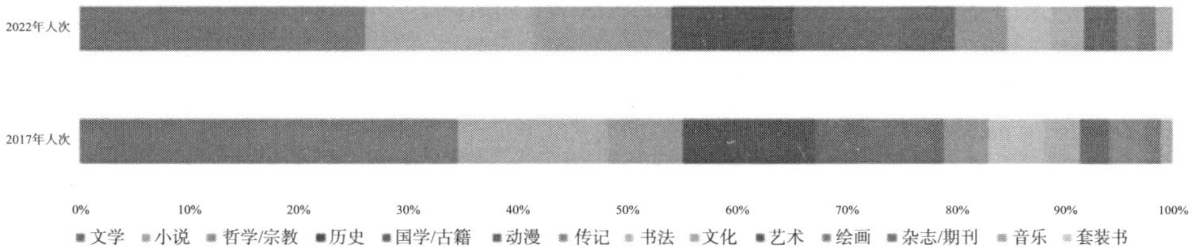

购书用户结构变化

（数据来源：京乐消费及产业发展研究院）

3. 数字文化交易

自 2021 年起有一类数字文化消费快速发展，为数字藏品。当时阿里蚂蚁尚未分家。案例研究院委托我们研究者做了专题研究，即区块链技术推动中华优秀文化传承、创新发展的报告。因为数字藏品的技术底层是区块链技术，而中央政治局在当时专题学习了区块链技术。当时最初火起来的是虚拟货币，此后紧接着另外一类独特的虚拟货币现象，国外叫 NFT 非同质化代币在当时也大火。在这样一个背景下，数字虚拟资产不断快速发展的背景下，国内发展出一类特殊的基于区块链技术的文化消费品，叫数字藏品。数字藏品的基本模式就是类似于很多互联网企业与国内的博物馆合作，比如说阿里、蚂蚁企业。把博物馆馆藏的一类文物或者网红级别的文物的数字形态做成一个特殊的数字产品。

然而这些数字藏品的定价也不高，比如说阿里基本的定价为 9.9 元、19.9

元或 29.9 元等。而腾讯的定价稍微高一点儿，腾讯比较早是与敦煌合作来做飞天系列，因此价格稍微贵一些。但总的来说定价不高，与国外的 NFT 不一样，NFT 定价非常贵。与中国人最相关的知名 NFT 是冰墩墩，冬奥会期间把冰墩墩做成了 NFT 来销售，售价很高，并且中国人买不到，因为区块链供应链是没有进入中国的，在国内我们基本上都是联盟链，也就是各个互联网，或者政府机关、事业单位，包括媒体建造的一个联盟链。现在国内的联盟链非常多，好几百个联盟链体系。

在国际上虚拟货币 NFT 火爆的背景下，国内已经发展出了一种只在中国销售的基于区块链技术特定的数字文化消费品，即数字藏品。2022 年非常地火，基本上每推出一个秒光，限量 1 万个，相当于只要你卖，马上就卖完了，而且基本上不是有人炒作。这种新兴的数字文化消费，在 2022 年也非常火，不仅互联网平台在做，而且各大博物馆、景区、媒体，如北京的《新京报》、人民网等也都推出了数字藏品，这类文化消费在中国也快速发展起来，成为很多年轻人的一个时尚消费。但现在确实是受虚拟资产监管的影响，下一步该何去何从比较困惑。建议在这个领域，政策要进一步明确，减少不必要的限制，因为它本来就不是在公链上而是在联盟链上，是数字文创消费品。

数字文化贸易，这两年也非常火。尤其是集中在游戏这个部分。这些年，中国的游戏出海持续在增长，如果说我们始终在国外贸易这方面存在文化赤字的问题，实际上这些年随着互联网数字化的发展，中国很多数字文化产品在国际上的竞争力越来越强、越来越好，而且这些游戏产品很多都是基于中国传统文化和审美的，在国内市场上因为受到人为限制而得不到发展，但在国际市场上非常火。

三、"国潮"带动国民综合消费

1. 日常生活的"国潮"化

国潮带动整个国民的综合消费，不仅是文化消费类的，如图书消费、数字文化产品，而且还有文化产品的国际贸易，整个国民综合消费在国潮这样一个概念的带动下，实现了比较大的增长。所谓的国潮对它的理解就是基于对中国文化和中国传统审美的认可形成的一种消费潮流。日常生活的国潮化、数字经济的国潮化，还有总书记提的特别重要的概念——人文经济，在这个时代也正在到来。

首先是日常生活的国潮化，像西安这种比较突出的地方，日常的餐饮生活越来越与中国文化、中国民俗、非遗等结合在一起，而且这类的商业模式普遍发展不错。其次是类似于不倒翁式的新创意，这些创意依靠的也还是国潮文化，尤其是现在的汉服经济。汉服经济产业链现在越来越长，产业规模可以想象得到未来会非常大。另外是数字经济的整体国潮化，全球资本市场最看好的就是人工智能，中国的人工智能主要发展方向还是与中国文化的传承、发展和创新这样一些应用场景密切相关，比如说百度最早做的场景就是把《富春山居图》做一个智能化的溯源。现在数字人是整个数字经济在发展，是商业模式最好的，技术也越来越成熟，而且使用的算力很高。

2. 数字经济“国潮”化

2023 年年初，腾讯北京总部举办的 2023 探园计划最终路演决赛，其中 60%、70% 的项目都是在做数字人。2023 年 11 月 8 日晚上澳大利亚的应用者大会在全球引发了新一轮的轰动，而中国的数字经济发展一定与国潮密切相关，这是最主要的应用场景，包括元宇宙未来的发展。资本市场最看重的也是国潮。公共基金聚集于国潮领域，但我们需要明确的是国潮是大的范畴，不是狭义的文化范畴。上述所谈及的餐饮业、数字经济、服装，甚至是休闲等这一系列都和国潮相关，包括潮玩等。与国潮有关的是被目前资本市场比较看好的。

主要有两个方面，一个方面是目前国内的消费势头较好；另一方面在国家政策层面上有大力支持。东吴证券研报显示，潮玩市场正处于高速增长期。如果利用潮玩人均消费额和 15~40 岁人口两个指标测算国内潮玩市场潜在规模，中性估计 2026 年国内潮玩市场规模可达到 145 亿美元，2021 年至 2026 年复合增长率达 22.6%。

3. 人文经济时代到来

总体而言，人文经济时代到来了。总书记在 2023 年“两会”期间江苏省代表团审议的时候特别提出“上有天堂，下有苏杭”，文化发展的地方经济往往照样走在前列，需要研究其中的人文经济学。新华社 4 月份开始做人文经济学的专题，他们提出甚至有可能建立专门的学科。总而言之，中国传统文化带动经济高质量发展也是未来发展总的趋势。

吕宁（主持人）：谢谢魏老师，从文化的视角，我听到的一个基点，就是我们一定要重视传统文化。但是传统文化有很多表现形式，在文旅融合和整体的国潮撬动的两个目标下有不同的举措，包括通过金融激活和数字化转型，通过政府的发力，实现以传统文化为基础的文旅市场的转型和创造性的发展。确实是目前在文化自信大的背景之下，我们的 Z 世代已经不再特别关注或者特别聚焦观光和浅层次的旅游。在读懂世界和看懂世界的过程当中，所谓的文化升级也好，或者我们叫消费的升级也好，里面有一大部分是因为文化的消费才引发的升级，反而是传统的旅游当中景区以及商品消费都是属于降级状态，文化在这部分为我们的消费带来很多新的热点和亮点。再次感谢魏老师在传统文化领域当中给我们带来新的视角和案例，感谢魏老师。

下面有请北京第二外国语学院旅游科学学院教授、首都文化和旅游研究院院长，北京旅游发展研究基地首席专家、学术委员会主任厉新建教授，带来关于热闹的旅游话题和理性的观察思考的主题，有请厉老师！

热闹的旅游话题　理性的观察思考

（北京第二外国语学院旅游科学学院教授、首都文化和旅游研究院院长，北京旅游发展研究基地首席专家、学术委员会主任　厉新建）

一、如何看旅游火爆的行情?

从数据层面来看，恢复性增长的势头表现得非常不错，但这种势头是否具有可持续性仍有待进一步探讨。2023 年“五一”假期，全国国内旅游出游合计 2.74 亿人次，按可比口径恢复至 2019 年同期的 119.09%；实现国内旅游收入 1480.56 亿元，按可比口径恢复至 2019 年同期的 100.66%。2023 年的暑假更是一片热火朝天的局面，约不上门票更是成为暑期旅游的新闻热点。到了北京约不上故宫的门票，到了清华大学或北京大学的门口排了数小时的队伍仍无法进校园参观，此类现象有很多案例。但是从现象背后我们也要看数据，2019 年上半年，国内旅游人数预计 30.8 亿人次，国内旅游收入 2.78 万亿元。人均 902.6 元 / 次。2023 年上半年，国内旅游总人次 23.84 亿人（恢复至 2019 年同期水平的 77.40%），比上年同期增加 9.29 亿人，同比增长 63.9%。国内旅游收入 2.30 万亿元（恢复至 2019 年同期水平的 82.73%），比上年增加 1.12 万亿元，增长 95.9%。人均 964.77 元 / 次。从 2023 年三季度发布的数据看，旅游人次和旅游收入继续较好地恢复性增长，较之 2019 年分别恢复到 79.92% 和 84.7%，人均达到 1004.35 元 / 次。从数据而言，恢复速度较快，其中的原因需要我们进一步探究。

在人们普遍感觉消费降级的情况下，人均次旅游消费反而有显著增长，这种情况应该如何看待？这种情况有没有代表性和趋势性意义？其中有多少是因为供给恢复慢于需求恢复导致的结果？这种积压三年后需求集中释放的状况（涌现状况）可持续性如何？如果出境旅游恢复到常态后这种状况还能不能继续？为什么今年的博物馆、故宫等异常火爆？又为什么北京的导游根本不够用？我们需要深入思考博物馆的限制与景区 18 岁以下免费两者间的关系。除文旅融合的大形势外，跟博物馆的公益性与北京整体低门票有什么关系？

我国旅游经济进入恢复性增长，形势良好，但增长通道修复可能还需要较长时间，持续恢复趋势是否确立还有待考察，因为产业生态的恢复非一日可就；对未来的旅游经济重新进入强劲增长宜持谨慎乐观态度，毕竟整体经济恢复和景气程度才是旅游消费能否持续活跃的根本指针。在我国 K 型市场中，也不宜简单地用消费降级来评价当下的市场，而是要关注到 K 型分层（消费分级）下的创新性发展，避免穿老鞋走新路。

旅游经济内生增长的动能来自需求方的支付能力（信心）和供给方的投资能力（信心），敢不敢投资和敢不敢消费是关键问题。在消费过程当中我们不敢消费可能有两个不同的问题：其一没有钱显然不敢消费；其二如果质量没有保障、购买风险太高也会使得有钱人不敢消费，在当前恢复性增长的过程中要高度重视这个问题。第一个问题从经济形势而言，表面上看经济呈现恢复性增长，但趋势情境可能是谨慎乐观。对于第二个问题有能力消费，但是没有保障所以不敢消费，对这个市场我们需要有更多的关注。

二、如何看旅游热点不断？

在 2023 年前三季度当中，尤其上半年表现得尤为明显的是，在市场上旅游现象级的热点不断，如村 BA、村超、特种兵旅游、淄博烧烤、天津大爷跳水等。在现象级热点背后对意义贫困的问题我们可以怎么看，面对现象级热点我们可能需要冷静地观察一下，因为这些现象级热点“火”得有点儿莫名其妙，“灭”得也有点儿稀里糊涂。我们在旅游发展的过程中，以前讲没钱、没时间，现在有钱了没时间，或者有了时间的时候没钱，当钱也有了时间也有了可能消费的技术不够。现象级热点背后实际上反映出来的是意义感的缺失，这两者当中会有一个非常大的矛盾。存在的有其合理性，但不是说存在的都值得弘扬。人们在参与或“围观”这些现象级的热点的时候，能够感受到情绪上的亢奋，但亢奋之后就像阵阵涟漪之后恢复了平静的水面一般，似乎什么都不曾发生过。“我们遇见过穿越沙漠的人、在冰上漂泊或在丛林里穿越的人，然而在他们的灵魂里，我们无法找寻到他们所见的痕迹。”（阿兰•德波顿，2002）亢奋过后有了情绪价值，但情绪是一个短暂性的心理变化，这个情绪结束之后没留下什么东西。这可能是我们讲到的意义感缺失的问题。

当然，之所以会通过“投身”这些现象级热点中让自己变得亢奋，很重要的原因可能也正是因为太无聊了，缺失了生活中的意义感，去“凑热闹”就成为驱离内心孤独感、虚无感、无聊感的重要选项，并在“凑热闹”的“盲流 / 盲从”中催生一个个“短命”的现象级的热点。

在集体的狂欢中，人们以“隐身”的方式参与其中，或喊叫或静观或不修边幅或精心装扮，可以展现无约束不虚假的自我，在狂欢的仪式感中愉悦自己，“充实”自己“意义贫困”下的生活，这成为今天非常重要的选择。对于很无奈又很勤奋地艰难生活着的普罗大众而言，在草根娱乐中寻得一些心情上的慰藉，不应该用那种书斋中的理想去评价人世间的自我疏解、自我疗愈人们的“意义贫困”。正如魏老师所引用的马克思・韦伯所说的话：人其实就是一个意义动物。我们在社会发展的过程当中还需要追求更多有意义的生活和体验，我们的生命才可以得以滋养，社会才可以进步。但是，“人是悬挂在自我编织的意义之网上的动物”。有“意义”的生活和体验是生命得以滋养、社会得以进步重要的基础。“现象级的热点 – 多巴胺的消费 – 意义感的获得”之间如何构建一个可持续的链动结构，或许是我们面对这些现象级的热点和“快闪式”的流动性时需要冷静思考的。希望人们都能去看看外面的世界，更希望人们能够看懂外面的世界。除了看热闹之外，更希望通过旅游能够看出点儿门道来，完成从看世界向看懂世界的转变。埃贡·布伦斯瑞克的认知“透镜模型”认为，在我们和真实世界之间，并不是完全连通的，在中间隔着一面透镜，我们通过透镜看世界，世界也透过透镜来给我们反馈，这中间存在着折射和变形。贝克尔和斯蒂格勒假设，人们在市场上购买的各种商品通常不能直接产生效用，这些商品必须通过“家庭生产函数”，与家庭成员的时间投入和人力资本投入相结合，才转换为直接产生效用的“家庭服务”。这个过程当中进一步琢磨的时候可以关注到认知的临近的模型，可以关注到贝克尔和斯蒂格勒的假设，这里面会涉及看世界和看懂世界是两个完全不同的概念。我们需要从看热闹向看门道转变，即从看世界到看懂世界的调整，这是我们今天看到热点问题的时候可以关注到现象背后究竟有什么东西需要思考。

三、如何看沉浸体验的创新？

无沉浸不体验推动了大量的沉浸式体验产品和形式的创新，这些创新真的带动沉浸了吗？沉浸式体验需要消费的场景、需要有引人入胜的环境。在这方面，智慧旅游或者更准确地讲是现代科技具有不可替代的作用。大部分沉浸式体验是借助科技赋能的方式进行，正是因为有了包括声光电在内的科技发展，沉浸式体验项目的舞台、音响才能营造出一种让你不由自主沉浸其中的环境和场景来。但技术带来的沉浸主要是背景性的、形式上的，真正给游客带来沉浸感的更应该是其本身的内容。可惜现在有不少沉浸式的体验项目过于强调技术的作用、形式的意义，反而忽略了在内容上真正地沉浸，所以可能会给人们新鲜感，形成“多巴胺消费”，但是不是形成了有效的认知，恐怕就要打上个问号了。如果只关注科技，而没有关注内容和文化的话，可能在发展过程当中没有持久的动能。从这个角度看，现在的一些只是强调观众与演员空间边界融合的沉浸式项目，其实未必真正让游客沉浸到所表达的故事中。除了科技沉浸、形式沉浸之外，故事沉浸、内容沉浸可能是智慧旅游沉浸式体验空间未来探索的方向之一，也是现在不少沉浸式项目可以深化发展的地方。

观众与演员之间的关系虽然推动了边界融合，但实际上反而可能影响整个演艺的体验效果，因为失去了抽身从整体上对表演的把握。观演关系虽然重构了，但观演体验却未重构，即使观众和演员之间是零距离，但基于理解的体验甚至可能下降了。就像站在高山之巅看森林和走入森林看森林，肯定是不一样的，“不识庐山真面目，只缘身在此山中”。抽离虽然是沉浸的对立面，但在猛刮“沉浸风”的情况下或许是另一种更值得重视的体验方法。

游客虽然“闯入”了拍摄场，穿梭在剧情之中，却并不了解剧情，反而如盲人摸象，只及一点不及其余，是鼹鼠的视角（鼹鼠视力很差，走一步看一步）而不是老鹰的视角（从高处俯视全局），只是大众性的“探班”而已，类似看看拍摄现场究竟是怎么运转的，但也仅此而已。虽然新鲜感增加了，基于演艺形式的体验感提高了，但是基于演艺内容的体验感却下降了，最终极有可能是图个新鲜感。这也就提醒我们，打破“演”和“观”边界的同时，表演的方式也需要调整和创新，从大舞台的宏观到剧情与互动的微观化，如何真正形成体验共创的模式还有待进一步探索。无沉浸不体验，但是不见得所有的沉浸式都是体验深化所需要的。

四、如何看讲好中国故事？

虽然人人都在强调讲故事，但实际上需要做的是“讲好故事”。如果把这里的“好”落掉了，故事讲不明白或者讲得过于复杂，那“故事”就容易成为“事故”。“讲好中国故事”后面跟着的是“传播好中国声音”。如果“声音”传不出去，再好的“故事”都是白搭，当然，没法传递声音的故事也不可能是好故事。但是我们没有很好地梳理为什么要讲好故事、什么才是好的故事、应该讲什么故事、讲故事里的什么、怎么才算讲好故事等问题，讲故事就变成八仙过海，各显神通的事儿，而经验告诉我们，不能找到规律的事情恐怕很难持续地办好。怎么找好里面的规律其实是非常重要的。（教育）“一棵树摇动另一棵树，一朵云推动另一朵云，一个灵魂唤醒另一个灵魂。”不仅需要有好的产品内容，更需要有讲故事的能力。一个好的、精彩的故事可以使体内的催产素和皮质醇（一项与注意力有关的物质）浓度同时出现上升（这也给神经科学介入讲故事评价提供了测量依据），这就意味着同时获得了注意力和信任。在听故事的过程当中，大脑神经当中的回路会刺激多巴胺，有多巴胺分泌的时候会促进学习，用讲故事的方式讲述的时候人们会更加愿意了解故事背后和故事本身的内容，这就是神经科学的机制。神经学家保罗·扎克发现，如果你被一个故事吸引，并且与故事中的人物产生了情感投射，你就会仿佛置身于这个故事之中。故事激发出的催产素会激活另一个被称为 HOME（人类催产素介导的移情）的回路。这一回路会使另外一种增强型神经化学物质——多巴胺以给我们些许刺激的方式来促进我们的学习。

除了神经科学之外，我们讲一些套路的时候，一个好的故事应该具备什么样的条件，就像金德拉·霍尔讲的，好的故事、精彩的故事：共情的角色（因此角色化就变得很重要）、真实的情感（是故事角色而非故事讲述者的情感，或者蕴含在故事中的内在氛围）、重要的瞬间（要抓住小事和细节，具体时间或空间中的瞬间）、特定的细节（具体的生动的甚至出乎意料的细节，能调动受众的想象力）（金德拉·霍尔，2020）。如果再进一步深化，像托马斯·格雷斯分析故事的八个驱动力：自我意识、他者意识（有能力透过他人的眼睛观察，像自我感知一样从他人的角度感知世界）、记忆、智慧、想象力（将现实重塑为意想不到的可能性的能力）、洞察力（透过表象感知内在因果关系的能力）、关联（故事大师具备不断将新内容与新形式连接在一起的能力，而连接的形式是前所未见的）、自我表达（表演的能力，故事在一个人的头脑中开始，却在另一个人的头脑中结束。如果故事不能让其他人感同身受，那就没有任何意义）（罗伯特·麦基、托马斯·格雷斯，2018）。

把故事讲好和讲好的故事是两个问题。故事传播了，是不是理解了发挥效能了？是强加给对方还是对方愿意接受的并且愿意接着传播的？是不是国际性的语言、方式、技术？很多时候我们有很好的故事但没有选出来，没有国际眼光就不知道国际受众需要什么、比较容易接受什么，我们是不是能够从老外的语言、方式、技术真正选出来让老外感兴趣的故事。善于讲的故事和善于讲故事亦是两个不同的问题。另外讲故事会涉及讲故事的人，讲擅于讲的故事和你擅于讲故事也是两个不同的东西。我们要尽量避免只讲自己擅于讲的故事，而是要善于把更多的故事变成自己擅于讲的。

五、为什么重视讲解的规范性？

规范的讲解是共性认知的前提，共性认知是文化认同、国家认同的重要基础。国家博物馆发布公告指出，国博面向社会公众提供多种形式的讲解服务，涵盖基本陈列、专题展览与临时展览。未经馆方许可，任何单位或个人不得在馆内开展讲解活动。确因工作需要在馆内开展讲解活动的单位，须提前 5 日提出申请，报备讲解内容、讲解人员、活动流程、安全责任等材料。规定自 2023 年 7 月 16 日起开始施行。大家对于这一公告的施行反应较大，因为在外来游客数量非常多的时间上，突如其来的调整让许多原计划执行起来比较麻烦。从文化自信或者文化认同的角度认识，会发现这个公告背后有很多的深意，《风景与权力》一书表示：“风景并不仅仅是一个名词，而且是一个动词；风景有为（landscape does），风景是‘文化权力的工具’，是一种‘社会和主体身份赖以形成’、阶级概念得以表述的文化实践。（米切尔，1994）自为的自然向人为的风景的转化背后就有着凝视的权力的影子。”由此可见该书谈及风景跟主体身份的构建和形成有什么样的关系，我们自为的自然和人为的风景之间究竟背后是什么关联。从这个角度出发会比较容易理解该公告的实施。

对共同对象的共同“消费”、共性体验是构建“想象的共同体”的重要路径，也是形成文化认同、身份认同的重要路径。旅游之所以具有身份认同、国家认同、民族认同的作用与价值跟这种机制密切相关。规范讲解的目的就是希望尽力构建一个“想象的共同体”，并以“想象的共同体”来实现文化的认同进而国家的认同。这一点无论是美国国家公园建设的初衷（让人们在观看荒野风景的过程中建构起美国精神），还是中国国家文化公园建设的战略（在对景观进行文化赋能的过程中建构起文化认知和文化自信），恐怕都跟这点有密切的关系。究竟是“我在景观所在的这里”就是意义，还是“我在这里发现了景观背后的意义”才是意义，作为消遣性的旅游而言，前者是成立的，但作为具有国家主义/国民意识诉求的旅游业而言，风景往往被赋予建构国家认同、文化自信的作用，因此对风景、对景观的欣赏和审美就需要有某种目标性。只有在共同的符号系统中获得同一性的认知，风景/景观身上的国家主义/国民意识诉求才能得到实现。对于平常讨论的一些现象若从这个角度认识，其背后的原因可能有些新的认识和新的理解。

露营旅游火爆是因为疫情的抑制吗？露营旅游更多的是亲自然情结的激活，是人们对自然权利的一种救赎。热门的旅游目的地是不是因为有很好的资源，还是在这个资源本体的基础上被赋予了更多的玩法？微旅行是消费降级的社会性选择吗？它与今天的价值再发现、资源再认知又会有什么样的关系？微旅行是对“附近”的价值的再发现，是对资源认知的新调整。热点旅游目的地的根本在于资源吗？“玩法才是内容”“玩家就是生产力”，以玩家带大家，以小众带大众，文旅融合让人们更有文化了吗？文旅融合的发展让人们有了更共性的文化想象，但仍有大量“悬浮态的旅游者”需要转化。在文旅融合大的战略下，或者我们参与到文旅融合消费的场景、体验的过程当中，是不是让我们每个人变得更加有文化了？无论如何，希望通过我们对这些热点现象的分析或者一些思考，能够改进我们的产品，改进我们的服务，让人们在消费的过程当中，不要只是傻乐，我们还能从中找到一些意义；不能只是看看热闹，我们也能找到一些门道，“希望看到有朝一日，人们开始正视文化生活，将自己视为有文化的人”。

吕宁（主持人）：就像厉老师的题目一样，每次听厉老师的演讲都感觉他是一位冷静的学者且具有理性的思考，感受到他对于哲学的感悟、总结的升华及提炼，都有一种冲击感。厉老师提到很多话题，包括怎么认识现代消费的情况，对旅行从哲学和生命意义当中如何看待，甚至还有体验，从哲学层面去思考，并且如何将这些思考转化为实际产品当中的应用。每次听厉老师的主旨演讲总有一些话题，或者总有一些字和字之间的关联。比如提到要看世界和看懂世界，讲好故事和讲好的故事，沉浸式的体验，沉浸不一定都能有好的体验等，其实就是几个词的转化，但实际上包含的意义和内容是非常不同的。再次感谢厉老师给我们带来的精彩演讲。

圆桌论坛（三）：入境旅游与世界级旅游目的地建设

李创新：尊敬的各位领导嘉宾、各位专家学者、老师们、同学们，Ladies and gentlemen，may I have your attention，please? 各位与会嘉宾，大家下午好！

我们的会议进行到现在，凡是还在会场就座的嘉宾，我感觉就真的是来参加第十八届中国旅游发展·北京对话的嘉宾。衷心感谢大家能够坚持到现在，坚持到了我们“圆桌论坛（三）：入境旅游与世界级旅游目的地建设”的开场。我是本场论坛的主持人，来自北京第二外国语学院旅游科学学院的李创新。

圆桌论坛（三）设定的议题是第十八届中国旅游发展·北京对话的一个核心议题：入境旅游与世界级旅游目的地建设。本场圆桌论坛有一个典型的特点，我们的台上嘉宾是提前一周就已经“预订”好的，而且本场圆桌的台上嘉宾跟大家手上拿到的会议手册是完全一致的，没有任何一个人缺席，就好像在座的每一个人坚持到现在没有任何一个人缺席一样。这充分表明了无论台上嘉宾还是台下嘉宾，大家对入境旅游和世界级旅游目的地建设这一议题是非常重视的。

本场圆桌论坛请到的台上嘉宾分别是：

北京联合大学旅游学院教授、中国旅游经济与政策研究中心主任曾博伟老师

故宫博物院研究馆员、故宫文物南迁研究所所长徐婉玲老师

北京体育大学体育休闲与旅游学院教授、副院长、博士生导师蒋依依老师

中青旅国际旅游有限公司入境在线暨目的地海外营销事业部副总经理许二荣先生

北京第二外国语学院旅游科学学院副教授、旅游管理系主任宋昌耀老师

本场圆桌论坛请到的点评嘉宾是：

北京交通大学经济管理学院教授、博士生导师殷平老师

感谢六位嘉宾，感谢在场的各位与会嘉宾，现在我们开始本场的圆桌研讨。

我们在三天前给台上的各位嘉宾其实已经透露了本场圆桌论坛的“考题”，本场的“考题”不是因人而设——我们的北京对话是有主题的，本场圆桌论坛更是有主题的，我们的“考题”都是根据会议与圆桌论坛的主题设置的，都是命题作文。

第一道题：立足讲好中国故事的战略定位，如何认识入境旅游在三大市场格局中的功能，以及当前我们为什么要特别强调入境旅游工作？这道题可算是本场圆桌的饭前开胃菜，每位嘉宾限时 2 分钟。

如果按照目前台上就座的顺序来发言的话，第一位发言嘉宾可能是曾博伟老师。我想我们可以临时改变一下赛制：大家可以自告奋勇来发言。我们顺便可以介绍一下曾博伟老师，曾老师 10 年前曾是国家旅游局政策法规司政策研究处的负责人，我想如果让曾老师第一个来发言的话，后面发言的嘉宾听完曾老师的发言之后，可能突然就会感觉比较有压力。所以，我们看一下有没有自告奋勇第一个来讲的嘉宾？我看到许二荣副总经理举手了，接下来我们就先请许二荣副总经理来讲。

许二荣： 在三大市场里入境旅游在国家旅游业中的格局就如同我所处的中青旅国际旅游公司业务在中青旅整个板块中的格局，入境旅游是中国旅游的起家业务，也是我们中青旅的起家业务。即使现在三大市场发生了很大的变化，但是我们向世界级旅游目的地迈进的过程中，包括我们企业想要做世界一流的企业也好，还是有的地方要成为世界知名旅游目的地也好，入境旅游是必须过的难关。

李创新： 感谢许二荣副总经理的精彩发言！刚才我看宋昌耀主任也举手了，我们请宋昌耀主任来讲。

宋昌耀： 谢谢李老师的这个问题，我也是抛砖引玉。我们开始关注入境旅游，最早是因为 2012 年、2013 年雾霾的原因，再到过境免签政策的出台，我们希望入境旅游可以更好。实际上入境旅游一直受到比较大的关注，不仅是当下的问题，但是为什么现在关注得更多，我想可能是以下几个原因。第一是在疫情恢复之后，入境旅游在和出境旅游、国内旅游相比，恢复的速度和恢复的规模相对来说比较小，这是一个。特别是在和其他市场比较，以及我们今天是北京对话，今天上午也有不同专家说到，北京的入境旅游在和其他全球城市相比的过程当中，我们恢复的速度可能没有那么快，我们需要关注它，这是第一。第二就是因为我们当下所处的环境当中，我们需要发挥入境旅游的作用，比如从最早的赚取外汇、提升产业的功能，再到展示国家形象，包括国家与国家之间友好相亲的功能等。因为入境旅游的功能更加复合，不仅是在产业层面上的，乃至于地缘政治之间发挥文化交流的功能，也都要把入境旅游放到更加重要的位置上。我想先说这两点。

李创新：感谢宋老师的精彩发言！接下来是第三位发言人，我们请徐婉玲老师来讲。

徐婉玲：首先，特别高兴有这样的机会来到这里跟大家分享。确实如创新博士所说，他给了我们三个命题。当我坐在这儿，我发现我不是一个好学生，没好好审题。但是，我很感谢我的单位故宫博物院，好像可以应对所有入境旅游的问题。入境旅游一定是我们博物院非常重要的关注内容。在回答问题之前，我先给大家特别阐释一下故宫博物院的功能和定位。首先它是1961 年首批全国文物保护单位，其次是 1987 年首批进入世界文化遗产名录、2007 年首批国家 5A 级景区，还有一个身份是 2008 年首批国家一级博物馆。因此，我很感谢单位的平台和资源，让我好像在没做好准备的情况下，也可以回答这个问题。

对我们来说，最近几年有三个重点发展体系的建设，我们可以把每一个概括为四个字。第一个是立足故宫，第二个是放眼全国，第三个是面向世界。我们一直在做文化内容的价值阐释，所以今天我提前来到这里，听到两位老师的主旨发言，很受启发。我们在整个发展体系的建设当中，比如说对外的部分，尤其是观众能够看到的部分，大致上是故宫的原状陈列，它是紫禁城的空间展示，还有文物的专题展览。这几年，我们非常注重深挖这样的内容，比如说，与国内大众紧密连接的一些通俗又非常有代表性的展览的推出，比如说几年前的“紫禁城里过大年”，这是一个非常有代表性的展览。还有放眼全国，我们跟各个地方文化进行联系，今年我们举办了故宫和西藏的联展。当下正在进行的茶文化的展览，就是面向世界的文化内容的价值阐释过程。所以我很感谢有这个机会跟大家分享我们所做的工作，谢谢！

李创新：感谢徐婉玲老师！接下来请第四位发言人蒋依依教授来讲。

蒋依依：首先感谢二外旅游科学学院和北京旅游学会搭建的交流平台，让我们有机会在这儿进行思想的碰撞。同时也感谢创新博士的邀请，创新博士一如既往地认真、幽默，让我们整个过程很享受，也很放松。对于创新博士提到的这个问题，我也很认同昌耀副教授提到的观点，入境旅游在发展的过程当中正在成为一个承载着复合型功能的市场。可能除了刚刚昌耀讲到的功能以外，入境旅游还有一个非常重要的功能，也就是在我们国家改革开放的历程当中，它承担了建立起中国现代产业体系的功能，为后续国内旅游甚至是出境旅游的发展奠定了非常好的基础，我觉得这个是我们在关注中国入境旅游发展的过程以及作用当中，应该认识到的重要内容。

从另外一个方面来讲，随着时代的变化，以及产业经济社会发展的要求，现在入境旅游的功能就像刚刚厉新建教授所谈到的那样，我们怎么样去讲中国故事？怎么样去讲好中国故事？讲好中国故事首先要有对象，要有载体，对象中非常重要的一部分就是入境游客，非常好的载体就是通过入境旅游的发展，把中国的美好山河、悠久的文化以及现代的发展全方位地呈现给世界。我觉得从目前来看这是入境旅游担负的非常重要的职能。好的，谢谢大家！

李创新：谢谢蒋老师！接下来有请曾博伟老师来回答这个问题。

曾博伟：这个问题大家关注得比较多，特别是今年以来大家也很关注入境旅游。从整个国家层面来讲，以前的三大市场战略是非常清晰的，第一个是大力发展入境旅游，积极发展国内旅游；第三个才是适度发展出境旅游。进入新世纪以后，特别是近十年，其实倒过来了，从市场端来讲，出境旅游是最火的，国内旅游次火，入境旅游比较难。入境旅游面临的困难不仅仅是疫情，在疫情之前，入境旅游就暴露了很多问题，只不过疫情把它放大了而已。

从入境旅游的定位来讲，刚才几位老师都说得特别好，从企业端来讲，对于中青旅来说怎么挣钱就怎么来，出境游挣钱就做出境游，国内游挣钱就做国内游，没有任何问题。但是从入境游来讲它不是一个简单的经济产业，它有很多复合型的功能，如果我们不是从纯粹的简单产业去看待它的话，还可以看它的事业成分或者政务外部性，就是国家应该去支持它，因为现在企业不太愿意做，做入境旅游不太挣钱，也很难。所以其实我们是需要加大力量做入境旅游的。而且从全世界的情况来讲，各个国家的旅游部门都把入境旅游作为他们重要的工作，就是宣传、促销，主要是对境外的宣传促销。其实它在国内旅游的蛋糕里会越做越大，但是入境旅游是活水，所以很多国家主要的职责就是这个职责。我们还是要重新去审视入境旅游，它不仅有以前的创汇功能，也不仅仅是今天看到的提升国民形象、加强交往等因素，我们对入境旅游的重视程度要进一步提升，要看到它对国家经济社会发展的独特作用，需要国家投入一些力量，调动企业、社会各方面一起做这件事情，才有可能去抑制这样一个下滑趋势，甚至可能会使它慢慢复苏。这个形势非常地严峻。

李创新：好的，感谢曾老师！感谢五位嘉宾为大家奉上的精彩的开胃菜。接下来是另外一个问题：综合 2023 年内外部的整体环境来看，当前中国入境旅游发生了哪些新的变化？面临哪些新的机遇？以及可能会遭遇哪些新的挑战？当然了，这是一个相对比较沉重的话题，但其实也是一个真正有专业深度的问题，所以这道题给每位嘉宾限时 3 分钟。接下来，我们请宋昌耀老师发言。

宋昌耀：那我继续抛砖引玉了。李老师一开始给我们发这个问题，我考虑到专家比较多，我就直入主题表达三个观点。第一个是从观察来看，以前在国家经济高速增长的时候，我们会用比如政冷经热来表达国家与国家之间的关系。从今年来看，无论是加州的州长来我们这儿或是马克龙来我们这儿等，在入境旅游发展过程当中出现了相对的政热经冷的状态。在这个过程当中政治的领袖，他们在看了很多中国式现代化建设道路的成就，他们能不能在未来回到他的国家之后，能够扮演出类似于KOL的角色，真正把中国的发展、中国的核心吸引力传递过去，这是我观察和思考的第一个问题。

第二个是我们发现以往的入境旅游，比如京西沪桂广，就是这种固定的线路，它可能是组团旅游、包价旅游这样来做，我们会发现越来越多个性化定制的自由行甚至可以说是半组织化、无组织化过来之后，那么我们的服务如何跟上的问题。今天上午就有很多专家结合我们的北京来谈，比如刷卡支付方式问题、语言问题等，都在当下变得更加突出，这是第二个问题。

第三个从入境旅游吸引物上来看，是如何讲好故事的问题。从宣传层面来看，由以往宏大的叙事开始转向烟火气，这和国内的旅游也是相契合的。我经常刷一些视频，也可以看到来自俄罗斯、东欧、中亚的人，他们来到中国之后变成了短视频博主。我们可以把他们当成入境旅游者，也可以把他们当成国内文化的传播者。在入境旅游的发展过程当中，短视频或是类似于新媒体的应用如何充分发挥这部分群体的影响。比如李子柒在YouTube上的账号即便停很长时间了，但她的每一条视频下面都有新的跟进，国外的居民会问什么时候继续更新等。来自本国的烟火气通过短视频新媒体的传播在入境旅游当中会发挥越来越大的作用，而不只是官方宏大的叙事。二者当然都需要，但后者可能对于当下入境旅游的发展的意义更加显著。我想表达这三个观点。

李创新：感谢宋昌耀老师的精彩分享，确实是新的变化、新的机遇和新的挑战。接下来我们请许总发言。

许二荣：从我们的角度讲，中青旅算是40年的企业了，正好与入境旅游发展的时间段非常契合。目前来看确实发生了非常大的变化。当入境游起步发展的时候，我们像18岁的姑娘戴着面纱，世界都要来看；但是现在或许可以说是已经结婚了，吵吵闹闹要谈离婚的问题，背后原因不详细说了。这是最大的挑战，是大的宏观环境的变化。其次说到挑战，我觉得最大的挑战其实是国内游对入境游造成了非常大的，甚至说是致命性的挤占效应，从资源端、市场端、人力端等，除了暑假，其他市场都是这样的，挤占的不仅是资源，也是整体政府的关注力，更压缩了游客的体验感。我觉得这是最大的挑战，因为短期内我们不可能在这方面做出太大的调整。

说到机遇，简单说有四个“新”。第一个是新政策。随着 9 月 27 日“若干措施”出台以后，签证等各种政策不断出台落地，这是我们期盼、呼吁若干年后终于有了的可喜局面。第二个是新产品。文旅融合之后，北京、上海和很多其他的目的地都在密切关注如何把文化真正地赋能旅游以及旅游产品。这方面北京做得很好，比如文化旅游体验基地的评定，还有疫情期间做的 11 个系列、88 个新兴入境旅游目的地的考察评选等，这些融合更多文化内涵的产品为入境游客在参观的基础上增加了很多可以体验的内容，正好迎合了现在体验经济时代的需求，这是新产品。

还有一个新是新技术。目前除了预订端，将来随着像 ChatGPT 这些新技术在内容生成端以及营销推广手段上或许能发挥更大的作用。还有一点是新市场。我们可能要面临市场的选择，传统日、韩、欧美市场仍然是最主要的，但是在入境游近几年不景气的情况下，对“一带一路”共建国家，包括俄罗斯等市场可能不得不多加关注。

李创新：感谢许总的精彩回应！接下来请蒋依依老师谈一谈对这个问题的见解。

蒋依依：机遇主要是在供需两侧。“供”这块许总阐释得很好，出现了很多新产品、新业态，对境外游客来讲产生了新的吸引力，特别是产生了可以反复提供体验消费的吸引力。从“需”的角度来讲，我们也关注到随着疫情影响逐渐消退，世界旅游市场正在逐步恢复，需求也给我们入境市场恢复常态提供了很好的外部基础。

挑战主要是来自供给和需求之间的连接，虽然相关部门、相关企业一直在努力，可是还是有一些制约性的障碍需要进一步突破，比如签证的问题，比如在宣传上的方式，怎么用更新颖、新兴的方式去打动境外游客？特别是年轻的Z世代的境外游客，打动他们的心，抓住他们感兴趣的点，把他们吸引过来。就像我之前去伦敦参加WTM展会的时候特别感触的一点，我们在伦敦的中国展区向世界推介中国，可能推介了很多年，主要的产品还是丝绸之路。像刚刚厉新建教授讲到的，我们有很多新玩法，都是需要我们呈现出来的，这是宣传。其他的还有很多，像航班的恢复等，从中国民航局反馈的数据来看，现在航班恢复的状态大概是达到了疫情之前的60%，我们也希望能够迅速地恢复到甚至超过原来的情况，使中国和境外在政策、宣传和航班上等的连接都能进一步加强，谢谢！

李创新：感谢蒋依依老师的精彩发言！接下来请徐婉玲老师谈一谈对这个问题的见解。

徐婉玲：对我们所处的故宫博物院来说，是机遇与挑战并存，可能挑战更多。刚才老师在分析一票难求，不仅是暑假，现在还是这样。在这样的预约制状态下，境外游客能否通过这种路径很快地预约到故宫门票，是一个非常值得研究的问题，不只是政策问题，还是个技术问题。我们有很多的票，恐怕也是通过很多机构的黄牛方式去抢票的。在当下，这种供需矛盾依然是非常严峻的，一到暑假、一到假期我们就紧张，假期一过没有任何事情我们就放松下来了。在国内旅游冲击和入境旅游目前还不够蓬勃发展的状态之下，我们这一块确实有很多政策和技术层面的问题需要深入研究。

另外，就是我们也有很多的机会点，故宫在几年前就有一些布局，当然也是跟地方、跟整个国家战略相匹配的布局。比如说，在厦门的故宫鼓浪屿外国文物博物馆，大家如果关注就会发现，它今年表现出一个非常积极的状态，更新它的展览是为了吸引更多的人来，这是一方面，要让更多的人了解中国传统文化的精髓所在，也是一个方面。再者，这两年有一个突出的对外窗口，就是故宫和中国香港的合作，香港故宫文化博物馆所表现出来的传播力大家都能看到，我们最大的展览合作是跟香港故宫文化博物馆的合作，每年输出的展览不仅精品多，展品的级别也是相当高的。这样的一个合作，是有国家巨大的政策支持和战略支持的，产生的效益我们觉得是非常可以的。尤其是香港故宫文化博物馆新馆刚开馆的时候，那时候还在疫情之下，很多的外国游客想进入北京是很难的，但进入香港相对容易一点儿，因此一开馆就是整个全球非常关注的热点。今年，我们持续向香港输出好的展览，未来也是，都是有长期的战略合作的。

还有，从今年开始我们的各位院长就奔波在去各国的交流考察的路途当中，比如明年落地的法国凡尔赛的交流展。在做好入境旅游吸引物这个点上，我们积极、主动地做了很多事情，而且在配合国家的整体发展格局做很多事。无论是我们向外推广入境旅游吸引物的过程，还是解决具体的入境、入院问题，又或者是其他的具体落地问题，确实需要旅游行业进行统筹。作为一家博物馆单位，我们所能做得更多的还是一个又一个具体的管理问题，所以政策层面需要各位专家共同商议和推进建设。

李创新：谢谢徐老师对故宫博物院当前的一些新做法的精彩介绍！最后，我们请曾博伟老师来回应这个问题。

曾博伟：谢谢创新。其实这个问题还挺沉重的，入境旅游我发现没什么机遇，因为很少。如果真说有机遇的话，可能无非是改革开放这么多年，基础设施和接待能力方面确实强了很多，但是比起挑战来还是很难覆盖了的。

我先说挑战，我们要直面问题，虽然不一定能解决问题，但是把问题提出来也是成功的一步。挑战是来自好的方面，第一个问题，其根本性是认识的问题，从国家层面怎么认识改革开放的问题？从旅游行业来讲怎么认识入境游的问题？这是关联的。总书记讲得很好，我们是双循环，没有让你闭关锁国，是国内、国际双循环，但是在执行的时候就是以国内为主，对于开放的很多东西其实没有明确的限制。但是实际操作过程当中，各级官员都是基于谨慎怕出问题，所以我们很多问题弄得非常紧张，一方面说要开放大门，另一方面看到很多限制。如果都像创新这样很轻松地做一些事情，既可以把事情做得很好，也可以把开放的事情做好。是关键的问题，是心态的问题。比如北京搞大型赛事，对入境旅游是很好的事情，全世界都是这样的，对我们不是这样的，我们宁愿找特定的观众坐在场馆里面看，也不敢把他们放进来，因为放进来怕管理有问题。其实这里面所有的事主要是你怎么看这个问题，只要发展就会有这个问题，只要开车就可能出事故。我们要容忍事故的问题，出现的一些小的纰漏，在大的层面还是要用轻松的心态去开放。

另外从入境来讲，旅游行业也有一些问题。这些年出境游很火，很多研究机构很愿意做出境游的报告和研究，因为有机构给他们钱，出境游也很重要。但是你不去做，老百姓该出游还是出游，出境游是国外在华的推销机构、宣传机构希望我们来做这件事情，他当然愿意支持你做这件事情。我们把别人吸引过来是很难的，活也不好干没人买单，我们肯定不愿意干这件事情。如果我们把入境游作为重要的国家战略的话，各方面真是要从认识上提高，把它摆在很重要的位置。

具体在操作层面其实有很多问题，比如政策不配套。别看只是入境旅游，它涉及很多系统部门。就像故宫，我相信故宫也很愿意作为国家窗口和形象去展示，但是很多政策不是它制定的，它也阻止不了。比如现在每天预约 3 万人，这个背景我不太清楚，是不是跟疏解有关系，大的政策疏解首都功能、非首都的功能，我不太清楚北京和故宫的展示是不是首都的功能呢，我们要去甄别，以前 8 万人的时候反应没这么突出，当然这不是故宫能左右的。我以前和单霁翔院长交流过，后来我也交流过天安门看完能不能去故宫，很多游客包括入境游客、国内游客，单霁翔院长说不行，天安门看完升旗以后，故宫要 8 点开门，我们可以提前开门，但是又有一个问题，需要增加人力，这涉及几班倒的问题，涉及编制问题，需要劳动人社部门给相应的预算，不然没有人做这件事情。单院长还是很开放的，愿意做这件事情，延长开放时间，但是其他政策的掣肘做不了这件事情。很多东西要整合资源，包括刚才提到的签证问题，外国人填张表要几十分钟。包括刷卡问题，国外游客到中国来刷卡很麻烦，我们刷微信，他不能搞这个事，你觉得很自然，他却觉得很麻烦。很多景区还不能向国外开放订票业务，也没有英文的显示，很麻烦。包括高铁，中国人去 12306 很方便，老外订票很难，他们订票以后还要去窗口取票。国内的便利化措施对老外不适用，很多政策问题需要更大层面的协调，它是一个系统的问题，需要各方面一起努力解决。提出问题是我们解决问题的第一步，后面还会有挑战，谢谢。

李创新：感谢曾老师的精彩发言！今天为本场圆桌论坛我们提前预设了三个问题，目前还剩下最后一个问题，但是因为时间原因，我想我们台上嘉宾接下来发言时就主要谈要点，不再详细展开了。这最后一个问题回应的就是世界级旅游目的地的话题：站在文化和旅游深度融合发展的时代背景下，当前我们建设世界级旅游目的地，中国亟须强化的重点工作是什么？这个话题我们还是从宋昌耀老师开始发言吧。

宋昌耀：这个可以分解成两个层面，第一个是究竟什么是世界级，因为我们国家是一个文明型的国家，不像欧洲等，我们一定不是客源结构的世界级，而我们一定是在设施上或者是在业态上的玩法、标准、服务上的世界级。同时世界级一定不是所有的世界级，可能在发展过程当中我们非常希望世界认同我们，仿佛我们什么都要做到最好，就像这个世界上只有中国和非中国这两个国家一样，但实际上我们不可能把所有做得都很好。

第二个是如何实现世界级旅游目的地，我想提三段话。第一是让发展赋能，实际上还是让我们实现伟大复兴，让中国式现代化道路走得更通畅，未来一定会像盛世中国时万国来朝的景象。这是一个期待，这是第一个让发展赋能。第二是让产业融合，我最近关注到我们国家已经自主建造了世界级邮轮爱达·魔都号，从其他的行业能够赋能到入境旅游的发展。第三是让人愿意来，这个还是涉及我们和其他国家之间的关系，这个过程当中文化距离、制度距离的缩小，我想实际上是更重要的。

李创新：感谢宋昌耀老师的精彩发言！下面有请许二荣副总经理发言。

许二荣：我和宋老师的观点截然不同，我认为世界级的旅游目的地还是要从市场的角度讲。从资源禀赋的角度不用说了，肯定是世界级的。但是就我和旅行商接触的情况，甚至从很多外国游客的认知来讲，所谓的 World Class 肯定是从他们市场的角度来看的。在雾霾出现之前入境高峰期我们中国在海外游客的出境排名中位列前三没问题，疫情之前掉到了第 5 名左右，现在肯定是 10 名以外。我经常接触很多的相关数据分析报告，发现都是这样的趋势。从这个角度来讲我觉得可能需要降低预期。当前亟待做的事，今年最主要的是加大宣传推广的力度。大家刚才提到 WTM，我们同事们今天将要回来，非常寒酸，之前文旅部的展台跟东南亚、缅甸、柬埔寨等面积相比就小，今年是当年的 1/5，背后尽管有很多因素，但首先我们一定要加大投入来推广。最主要的是 2024 年首先要“请进来”，这是最简单、最有效的办法，因为“百闻不如一见”。走出去的时候，我希望第一是整体上能有持续性的政策，持续性地加大投入推广，因为西班牙、日本、泰国等的入境旅游不是一天做起来的，是持续的政策来支撑的，但是我们好像没有专门针对入境游行之有效的政策。我们需要建立一个联动机制，现在是各自为政的。谢谢！

李创新：感谢许二荣副总经理的精彩见解！下面有请蒋依依老师来回应这个问题。

蒋依依：我特别认同刚刚曾博伟教授提到的建议，我觉得一个世界级旅游目的地一定是主客共享的目的地，就是在这个目的地发展的过程当中一定要把外来游客，当然不仅是国内游客，更重要的是入境游客的需求当成自己城市居民的需求去考虑。去统筹的时候，在支付、语言和订票等各个方面的问题就能考虑到、照顾到他们的需求，所以很多问题也许就能迎刃而解。谢谢！

李创新： 感谢蒋依依老师的发言！下面我们请徐婉玲老师来回应这个问题。

徐婉玲： 对故宫博物院来说，大家提到世界级这个问题，一直是我们要思考的。我们有相关的两大内容，目前就在着力推进。一个是内容品质要达到世界级，这是一直在做的，且未来可能要更加着力的点。我们的展览内容、服务品质应该要在这样的维度标准上来要求，所以我们展览的内容也会非常强调这点。我们有一些"请进来""走出去"的人才培养计划，我们不仅要了解自己，还要了解世界，同时还要携手世界的学者、专家跟我们一起做内容品质的提升。因此我们有英才计划，也有太和学者计划，这都是为整个内容品质服务的。最近几年，还有一个非常明显的发展，就是创新转化要世界级。虽然目前《只此青绿》的演出是在国内，未来它是要走出国门的，还有《千里江山图》和《清明上河图》沉浸式体验的开发投入的力量也很大。通过博物馆藏品的艺术转化架构起观众与故宫、中国与世界的桥梁，未来故宫博物院一定会在这方面着力的。我们现在很多演艺剧目和沉浸式展览都是与具备世界级能力的团体或者单位进行合作的，所以我想在这两方面内容上是未来可期的。

李创新： 感谢徐老师从文艺作品的展示方式以及旅游产品的建设方面为我们提供了更好的发展思路与新的发展方向。下面请曾博伟老师来回应这个问题。

曾博伟： 我觉得世界级旅游目的地最重要的一点是要忘掉"世界级"三个字，我们说得最多的时候恰好不是世界级的时候。像泰国普吉岛到处都是外国人，没有人说它是世界级旅游目的地。我们说世界级旅游景区、城市、目的地的时候反而是入境游最困难的时候。我们要忘掉世界级本身，回归旅游自己的规律，回归人性可能更接近我们的世界级，就像我们不要把英文用拼音去表示，这是一件很简单的事情。你按照这个规律去做，就像主客共享，我们是一个很轻松的这样的地方，这样一个文化迅速发展的国家很多境外游客愿意了解。世界级旅游目的地应该是境外客人封给我们的，而不是我们自说自话的。

李创新：谢谢曾老师高屋建瓴的见解！世界级旅游目的地最重要的一点是要忘掉“世界级”三个字，这让我想起《笑傲江湖》里令狐冲在练习独孤九剑时悟出的精妙剑法的精髓：无招胜有招。接下来有请我们本场的点评嘉宾、北京交通大学经济管理学院的殷平教授，来做“圆桌论坛（三）：入境旅游与世界级旅游目的地建设”的点评。有请殷平老师，谢谢！

殷平：点评谈不上，我谈几点各位嘉宾分享的时候对我启发特别大的地方。第一是三大市场当中入境游的定位怎么样，各位嘉宾都达成了高度的共识。现在遇到了许总所说的难关，但是我们坚信入境旅游已经由最初的经济功能走向复合的功能，承担着社会文化亲民的功能，这必将非常重大，这是第一个问题。第二个问题里面我们去探讨 2023 年新出现的机遇和挑战，曾教授说挑战大于机遇。其他几位老师，像宋老师提到希望各国政要来到中国，成为中国旅游的 KOL。许总也提到三个新：新政策、新产品和新服务。蒋老师发现现在出现了供给与需求的连接问题。徐老师说故宫正在做事情主动地出击，我们很快能看到以故宫为代表的中国最优秀的旅游产品，或者说是旅游景区可以带给世界更多的惊喜。第三个问题怎样建设世界级的旅游目的地，曾教授提到忘掉“世界级”，这一点对我启发特别大，我们回归到旅游的规律，回归到人性，回归到游客到底希望看到的是什么。在这个前提之下再去看各位专家提到的措施，我们从发展赋能、融合赋能、缩短文化距离出发。许总提到加大宣传推广、持续性的政策和建立联动的机制，去建设品质、服务上面的世界级，最终达成主客共享的中国这样一个旅游目的地。这个愿景一定会实现的。

我谈几点我对入境旅游和世界级旅游目的地建设的看法。我给大家提供两个事实。创新老师给我作业的时候，我回去做了一下这个作业，其实也是回答今天下午厉老师提的问题，我们给外国人讲什么样的问题？我就看了一下，主要以北京作为关键词，看一下要来北京的入境游客问的问题是什么？因为三年疫情期间问的问题少，现在已经发生了很大的变化，不太具有代表性。我重点看了一下 2019 年的问题。2019 年产生 920 条问题，但是每一条问题大概有 5.2 个的回答，一共大概有近 5000 条回答。900 多条问题里面，我用关键词搜了一下。今天坐在台上的这些老师，真的是最适合探讨入境旅游的专家。首先入境游客在北京最关心的问题是什么呢？是交通，我来自交通大学，我感到非常汗颜，接近 20% 多是谈交通问题。其中又分为到北京怎么交通，比如从机场怎么到他的酒店，酒店到长城怎么去等？出京怎么出，比如刚才宋老师提到北京、广州、上海，还有这几个城市之间，他想去那个城市怎么去的交通问题，以及机场我要多长时间准备 check in、怎样运送行李等。接着就是许总的事，我要在北京待六七天，或者 144 小时的免签时间，免签的时间我要去哪里玩？就是游玩计划的问题，就是许总要做的。接下来是签证，这是曾教授一直研究的政策，签证政策可能是其中的政策之一。接下来是在北京的生活，比如买药、电话卡等服务，宋老师的研究涉及这些问题。景点是 1% 点多的问题，景点当中比例最高的是问长城，第二就是故宫，是徐老师的问题怎么能够买到票、在故宫待多长时间、为什么故宫要在周一关闭等问题。接下来是购物、餐饮、导游这些问题，都是外国游客特别关心的问题。

这些问题实际上也依然离不开蒋老师的研究，她曾经发表过一篇论文给我启发特别大，就是研究全球旅游市场的结构问题。这个结构问题就是我接下来要谈的第二个事实，中国入境旅游市场结构应该会发生巨大变化，规模发生巨大变化之后，不可回避的可能是入境市场结构要发生变化。关于结构调整就正是我要提供的第二个事实。我在交大上了一个 International MBA 的项目，给他们上 Cross Cultural Management 的课。我班上一共 8 个学生，来自埃塞俄比亚、安提瓜和巴布达、马拉维和阿富汗，剩下几个来自马来西亚。这当然跟交大的影响力有一定关系，但能够代表一定的事实，也就是在巨大的规模隐忧之下，还要考虑结构的问题。这些结构包括产品结构，也就是厉老师所说的，我们要提供给外国人的产品，是不是要跟提供给中国市场的产品是不一样的？讲的故事的侧重点不同。第二是市场结构可能要发生重大变化，我们提到的一些促进政策应该有所侧重。

上午两位点评嘉宾给我压力特别大，李彬老师在很短的时间里面构建了AMP模型，谷慧敏老师讲了三度三实，我想我建模也不行，总结、提炼能力也很差。有一个点启发到我了，许总说我们入境旅游进入离婚阶段了，我不认同，因为中国有荣耀的历史，有博大的文化，有发达的经济，有美丽的山水，我们必然会用创新的技术手段拥抱更好的入境旅游，谢谢大家！

李创新：谢谢殷老师“金句频出”的精彩点评，我感觉其中似乎还植入了一些“公益广告”内容，既很好地回应了本场圆桌论坛的主题“入境旅游与世界级旅游目的地建设”，也间接宣传了本场圆桌的台上各位嘉宾，谢谢！我想今天台上和台下的各位与会嘉宾肯定也是收获满满。最后一句话，也送给台上和台下的各位与会嘉宾——“执着于入境旅游和世界级旅游目的地建设的专家，是纯粹的专家，不为名不为利，只为事业与梦想！”现在我宣布“圆桌论坛（三）：入境旅游与世界级旅游目的地建设”到此结束，谢谢大家！

圆桌论坛（四）：数字文旅与创新实践

主持人：邓宁　北京第二外国语学院旅游科学学院教授、副院长，数字文旅研究中心（文化和旅游部研究基地）主任

邓宁：感谢我的同事李创新老师，刚才创新结束得有些突然，让人意犹未尽，就轮到我们圆桌（四）了。圆桌（四）的话题依然很有吸引力，所以我们把它放在了压轴的位置。圆桌（四）的主题是：数字文旅与创新实践，有请今天的五位对话嘉宾：

北京工商大学国际经管学院教授、博士生导师黎巎

北京市文化和旅游局科技教育处三级调研员刘天龙

携程研究院执行秘书长孙博文

中国旅游集团北京区域总部区域发展助理总监赵立松

路书（北京）科技有限公司 CEO、世集文旅集团合伙人、迷塔城 Metacity 主理人程小雨

点评嘉宾：首都经济贸易大学工商管理学院院长助理、教授、博士生导师李云鹏

邓宁：我是今天的主持人，北京第二外国语学院的邓宁，我们开始对话环节。数字文旅和今天的主题非常相符，在 2022 年，包括 2023 年，北京文旅消费提升的亮点逐渐向着数字化和科技赋能转换，所以今天的圆桌论坛，我计划做两轮的提问和交流。我对于各位嘉宾有比较深入的了解，所以第一轮我会结合每一位嘉宾的自身特点进行有针对性的提问，请各位嘉宾基于自己的实践，从各自的视角对数字文旅进行阐述。

第一个问题抛给黎巎教授，我知道黎教授一直在从事信息化、标准化相关的工作，前期她为国家旅游局、文旅部做了很多关于数字化和信息化的标准，目前她正在牵头做智慧旅游城市的相关标准。我对上午吴局的观点非常有感触，旅游整个行业的发展其实是由标准来引领的，所以我想请黎教授

对北京数字文旅的标准，或者全国信息化方面的标准情况给我们做一个简要介绍。

黎巎：感谢邓老师的邀请。我以为根据几位上台老师的特点进行提问是要问我计算机算法之类的。我做的标准跟二外做标准的老师相比其实很少，我知道二外有的老师做了几十个标准，实际上我做旅游标准做得不算多，在疫情前做过两个标准都是关于基础信息资源的，最近在做文旅部资源司的全国智慧旅游城市基本要求和评价。因为要做标准，所以我梳理了一下全国以及全世界在智慧旅游方面和旅游信息化方面相关标准的建设情况。

从国家标准层面讲，世界上旅游信息化和信息技术相关的旅游标准做得比较好的是西班牙。大家都知道，尽管智慧旅游翻译成英文是 smart tourism，有的学者追溯到老外，发现例如加拿大的学者提出了绿色的概念，但实际上智慧旅游，以及信息技术和旅游相结合的提法是中国人提出来的，是由原来的国家旅游局和地方政府一起商量出来的。我们怎么才能用信息技术促进旅游的发展呢？当时正好赶上国务院《关于促进旅游业高质量发展的若干意见》出台，而且西班牙智慧旅游标准以及智慧旅游目的地的标准最先发布，我们觉得做国内的标准责无旁贷。实际上智慧旅游的概念是国内首先提出来的，但我们起了个大早赶了个晚集，所以当时我提出来，不管是行业层面还是国家层面，一定要建立相关标准，同行们和部里非常支持。因此，从国家标准层面而言，我们没有建立相关的标准。

行业标准中没有冠上智慧这两个字的。我们从10多年前开始做智慧旅游，实际上各个地方政府做得都非常好，但是行业标准没有建立，所以行业层面建立智慧旅游标准的呼声非常强。经过了 10 多年的发展，我们需要对 10 多年的发展做一个评价，做一个总结，但是我们的目的不是评价，目的是怎么用评价促进更好的发展。大家推荐我来做，我觉得要创新，它跟以往的旅游标准不一样，比较强调采取一些可测量、可测度的原则，利用现代信息化的手段，尽量客观而不是主观进行评价，并指出具有方向性的建议，指出未来要怎么发展？我们倡导什么？

我当然希望能从北京市汲取更多的灵感或经验，因为我们一直在北京高校工作，所以知道北京的智慧旅游全国领先，做得非常好。我记得十几年前，在全国没有进行智慧旅游标准建设的时候，实际上北京就出台了一整套很详细的智慧旅游试行标准，包含了景区、旅行社、乡村和酒店，但一直是试行。其他省份，比如说江苏省、四川省、浙江省，甚至陕西省，都出台了非常完备的一整套能够促进他们智慧旅游发展的标准，这些标准包括指南层面和具体景区落地的层面。例如，浙江省建立的景区预订、四川省建立的景区物联网，都非常详细且非常落地，既有具有指导性的指南层面，也有非常具体的落地层面。总之，我觉得北京在这方面不落后，北京的试行标准其实已经出来了，但不知道什么原因没有发布。但是我觉得接下来只要我们起步了并意识到这个问题，北京的标准会很快被制定出来，因为尽管北京现在没有制定很多的标准，但是它的旅游信息化在全国确实是领先的。

邓宁：感谢黎教授的分享。正好谈到了北京，第二位嘉宾是来自北京市文化和旅游局科教处的刘天龙调研员，跟北京对话特别契合。我了解到北京在科技，特别是数字化发展这块有很多具体的重大项目正在执行，刘调研员这边也是直接的操盘手，所以我们希望听一听刘处对于北京数字文旅发展情况的介绍。

刘天龙：根据主持人的要求，我就汇报一下近期北京在智慧文旅方面主要开展的两方面的工作：一是出台 2023—2025 年北京市智慧文旅规划和顶层设计；二是积极推进北京智慧文旅平台的建设。关于智慧文旅规划，我们认为北京智慧文旅在当前存在的主要问题，一是文旅行业的数据治理能力不足；二是文旅行业数字化监管的效能不高；三是文旅融合的线上服务品质不高；四是文旅产业科技赋能手段不新。

关于智慧文旅当前面临的发展形势，一是从国家层面提出了数字文化、数字政府、“互联网 + 旅游”等要求；二是从首都建设层面提出了北京智慧城市 2.0 建设、国际消费城市中心建设、数字中心标杆城市建设等要求；三是从文旅行业发展来看，消费需求催生创新发展、文化和旅游深度融合；四是从技术变革的方面来看，数字技术创新催生了智慧文旅新的变革，5G、人工智能等这些新兴数字技术正在全面融入文旅行业，加快推动了文旅行业管理和服务模式的不断创新。

出于顺应发展趋势的需要，坚持问题导向，北京智慧文旅规划和顶层设计提出了文旅智数、文旅智管、文旅智享、文旅智业四个方面的建设发展目标，同时规划六大工程，包括文旅大数据中心建设工程、政府监管建设工程、游客服务平台建设工程、公共文化数字化工程、文旅产业创新工程和网络安全保障工程。提出的六大工程当中，其中北京文旅大数据中心、政府监管平台和游客服务平台三部分组成了北京智慧文旅平台这个项目，这是一个先导型的重点项目。关于 G 端的文旅大数据中心建设和政府监管平台建设，由北京市财政出资建设和运维，G 端北京游客服务平台采用政企合作、市场化建设运营的创新模式。在推进 G 端建设的过程当中，我们主要体会到两大难点：一是数据资源的汇集比较难，涉及 20 多个市局委办局、16 个区以及若干游客服务平台合作企业的数据，协调对接难度非常大，不过在北京市大数据平台的功能和相关的工作机制的支持下和保障下，问题已经得到了部分解决。第二个难点是大数据分析能力强于大数据使用能力，文旅行业政府管理的业务应用场景不太清晰、不够丰富，在推进 G 端，也就是北京游客服务平台的建设过程中，平台建设运营模式创新难度比较大，建设运营模式的设计是否合理是决定平台是否可持续发展的关键问题。

借鉴国内外官方旅游服务平台的建设运营经验，我们认为在进一步厘清政府和市场边界的前提下，可以实践探索政企合作和市场化建设运营模式，这种建设运营模式可充分利用平台企业的流量、资金、数据、技术等方面的优势，以政府提供文旅公共服务数据资源和建立运营奖励补贴的形式给予有效引导，联合企业、融合文旅领域的公共服务与市场化服务，实现北京游客服务平台的可持续运营和发展，谢谢。

邓宁：谢谢刘调研员的分享，内行的人从这段话能听出很多信息量，里面蕴含了很多项目机会，同时更多的是发展理念的尝试。我其实也参与了文化和旅游部资源司智慧旅游的一些工作，这个月底会发布智慧旅游的创新行动计划，其中有很多具体的观点和刚才刘处谈到的平台、数据等方面不谋而合，所以非常期待北京一些具体的做法能够在全国产生引领效果。

我今天请的这几位嘉宾代表不同的机构，第三位嘉宾是来自携程研究院的孙秘书长，是平台机构的代表。明天就是“双 11”了，非常应景，所以我的第一个问题也从特殊的时间谈起。其实 OTA 今年伴随着旅游复苏的形势也是到了非常重要的节点，所以我想请您作为平台的代表，从平台的视角谈一谈今年，特别是现在整个旅游市场的新的特点。

孙博文：感谢邓老师的邀请。其实携程不做“双 11”，因为这是淘宝系做出来的。携程有几大促销，但是距现在较近的是 1028，因为携程是 10 月 28 日成立的，所以 1028 作为我们的司庆日一般会有大型的促销活动，其实跟“双 11”的时间节点比较近而且类型比较相像。我们的促销一年有四次，每次结合不同的产品去做一些比较好的促销和营销事件以及产品的设计。今年 1028 的数据应该也还可以，这次表现出来的是马上要到的年底、元旦，包括涉及一些早期的明年的出游计划。我们最近比较有代表性的还是国庆加中秋的时间节点，我们的数据报告表现出来的特点有如下几个方向。第一是跨省游占所有订单的 51%，一半以上的订单在跨省游，和五一相比大概多了 10%，只多了一成，其实国庆出游的表现相较于五一没有想象当中那么好。因为五一其实是非常具有报复性的旅游时间节点，所以我们一开始期望十一是不是有一个比较好的出游爆发，但实际上表现出来没有那么理想，但是其中有几个方向的表现比较突出，我们总结为 3C。第一个是 City Walk，在城市之间的出行是主流订单，包括北京、上海、天津这些城市，城市漫游的线路是比较好的订单体现。第二个是 Countryside，就是乡村游。其实今年不光是携程，很多平台都做了乡村旅游方面的布局，包括做了很多类似于民宿、新的产品线路的开发，所以乡村游在十一的时间节点里面表现比较好。我们看到一个现象，大概有 30% 的 90 后已经开始进行乡村旅游的现象，这是挺有意思的一件事，表现出来年轻人更关注乡村旅游这个市场，其实我了解到周围很多年轻人不想去大城市，因为太挤、人太多，去乡村旅游的地方有可能是新型的、小众的，但是很放松的地方，所以乡村旅游表现良好。第三是 Culture and Tourism，其实是文旅的融合，表现就是“旅游 +”的现象，比如“旅游 + 演绎”“旅游 + 体育”“旅游 + 文化”，类似这样的产品逐渐成为主流。例如明星前往不同城市开演唱会，最近非常火，不仅是携程，我相信很多其他平台也做“门票 + 当地酒店”的绑定产品。因为门票很难抢，尤其是头部，例如周杰伦、五月天的演唱会的门票很难抢到。但是如果可以通过携程和政府的合作，从文化监管部门拿到比较平价的票，再通过深入合作，带动外地游客到这个城市的这个角度去把酒店进行绑定做平价售卖，这是非常好的方式。两个月前天津周杰伦的演唱会就是一个非常好的体现，外地游客大概有 70% 的增长，在那段时间内，包括平台流量都呈指数性增长。从这个角度来说其实是一个比较好的旅游产品，能带动更多的外地游客走进旅游地。

整体来说，3C 就是携程十一期间比较好的数据和趋势上的体现。接下来我们希望在未来的大促、营销和产品设计中融入数字文旅，基于大数据的判断做相关方面的设计和布局，这也是携程的优势。

邓宁：感谢。因为我昨天接受了旅游报的采访，问旅游的“双 11”该怎么过。对于这个话题，有一半的人说旅游没有“双 11”，也有一半的人说旅游有“双 11”的，说旅游有“双 11”绝大多数是纯粹的互联网公司，说明网络的流量在集中的时间段爆发还是有外溢的效应，纯粹单拼性价比对于很多旅游体验类的产品来讲可能也有一些不适用性。也谢谢孙秘书长的分享。

谈到数字化，刚才几位分别从学者、政府和平台视角阐述了自己的观点。我在数字化进程中其实一直喜欢提一个词叫作利益相关者，除了有这么多利益相关者之外，最主要的还是市场主体和企业，企业又分为中小微企业和大型的集团化企业。下一位就是来自旅游国企中旅集团的赵总，请您从央企的视角讲讲您对于企业集团数字化转型的高见。

赵立松：谢谢邓老师的邀请，我先谈一下我自己的感想。先从行业角度，因为我觉得整个行业，不管是旅游行业，还是其他行业，数字化转型的前提逻辑是必须有甜头才会做数字化转型。举个例子，旅游行业中最早数字化转型的是航空公司，因为航空公司最先有电子购票，航空公司线上化以后收益提升了 30% 以上，现在整个航司线上化率达到 90% 以上。第二个行业线上数字化转型的是酒店，酒店最开始也没有数字化，跟航司一样都是线下，后来建立订房系统以后收益也起来了，由此还衍生出一个新的部门，或者称之为行业，叫收益管理，航司市场部和酒店的经营部门都有一个专门的收益管理。通过线上数据能够准确进行分析，使价格实时变动，而不是一成不变的、不是拍脑门的、不是根据经验的，是真正根据数据分析得来的。其实最开始航司票价是不变的，都是全价，后来海南航空首次推出了打折机票，线上化以后根据数据分析实时地进行价格变化，提升了整个公司的收益。正因为有了数字化转型，诞生了像携程这样的企业，我们称之为没有酒店的酒店集团和没有飞机的航空公司，其实它们现在已经远远超过了传统的旅游企业。因为原来算过，一些航司，比如海南航空一年大概 7000 万人次，那时候的市值规模跟携程差了很多很多。所以大家也看到数字化转型对整个行业的提升。这是第一点我先谈的对整个行业的感受，数字化转型肯定能让企业尝到甜头。

再说一下中国旅游集团做的数字化转型。中国旅游集团也是百年企业，因为我们是 1923 年正式成立的，所以今年是我们集团成立一百周年，今年 8 月 15 日在香港举行了很多庆祝集团成立一百周年的活动，作为国内唯一以旅游作为主业的央企，我们现在的板块覆盖到整个吃住行游购娱全产业链上面。对于数字化转型我不是特别具有发言权，我也是谈谈我的感受，数字化转型也有一些好处。举个例子，比如中免免税，疫情之前国旅跟北京日上、上海日上合并以后收益还是很好的，但是疫情导致出入境关闭，机场店基本上停滞，但有两件事让我们的业绩非但没有下降，反而逆势上升。第一是离岛免税，正因为政府给了集团免税政策，并且国人去不了境外，所以都去海南三亚的三亚免税城消费。去年习近平总书记视察三亚免税城的时候将“创新、诚信、优质、服务”这八个字送给中国旅游集团。第二是线上化，疫情期间开了很多电商平台，为密集增长做出了非常非常大的贡献。

关于数字化转型的推进，我想从三个方面说。第一是基础设施方面，我们利用云计算和云平台，把各类业务系统都上云，并且尽可能统一数据标准，这样为业务数字化转型打造基础设施的铺垫。第二是内部流程的数字化转型优化，包括携程系统和企业资源管理系统，这是提升内部管理效益的改造。第三个也是我最想强调的一点是商业模式数字化转型。旅游行业可以归纳成人、货、场三个方面的数字化转型。首先说人，大家可以理解成流量，流量分为行前流量、行中流量，通过精准的流量运营，可以提升整个效率。货就是资源，传统企业在对资源把控的时候无非采取的是钉钩子手段，比如资本运作、报票或是其他方法。数字化提供全新的掌控资源的手段，提供 SAAS 服务收集数据，实现对资源的掌控。场其实就是平台。我跟孙秘书长携程也有合作，前期携程的孙总也到香港跟我们的董事长和总经理进行了一次友好交流。其实我理解所谓的场平台、互联网平台更多偏消费端，即消费互联网，更多的是预订这方面的流量。而传统企业集团、旅游集团所谓的场更多的是产业互联网端的场，凭借我们对旅游行业的理解，把行中流量聚集到平台上来形成私域，做集中化运营，提升收益和游客的体验。

邓宁：感谢赵总的分享。谈到数字化转型，作为学界的代表，我认为不管是对于学界还是业界，它反倒滞后于实际的实践。真正而言，数字化转型源于制造业，但实际上在旅游行业并没有非常深刻的可以支持降本增效或者提质增效的案例，所以我们期盼着后面有更多的企业能够以成绩或以量化的数据讲圆旅游行业的数字化转型故事。

我想再补充一句，我觉得无论是数字化转型还是数字文旅，不应该只有大机构和大集团在做，如果这个行业够好并且真正有吸引力，应该有很多中小型创新企业、创新实体甚至有更多的资本进入，从而真正地证明其有潜力、有活力。我们好不容易熬过疫情的这几年，数字文旅也发生了一些蝶变，产生了很多新的业态和新的不能说完全是旅游企业，它可能是一些新的文旅企业，所以我特别想听一听小雨作为连续创业者，从旅游人变成了文旅人、数字文旅人，从她的角度来给我们做一些分享。

程小雨：谢谢邓老师，刚才提到降本增效，身为路书科技的创始人，我认为路书算是在这个领域做得比较早的。我们是从 2006 年开始做数字化旅游的，但当时切入的视角更加偏向个性化定制游方向，主要关注的是对定制游的从业人员定制能力的提升，包括做业务定制效率，也就是生产力提升，还有定制资源，包括全球的供应链网络，个性化的供应链网络的整合，这是在疫情前几年一直坚持做的事，我们帮助了 3000 多个旅行机构实现定制游板块的效率提升和能力提升。但是 2020 年之后，为了顺应环境的变化和业务的调整，我们开始探索新的领域，其中很重要的一个领域就是今天的主题数字化文旅，我们在疫情之后的探索有几个方向。

第一点是我们还在持续探索个性化。第二点是我们开始关注场景化。上一个环节的分享老师说了一句很好的话，要用文化赋能旅游，我们做场景化时的思路是用旅游赋能文化。我们在 2020 年做京北喜事的时候，用一个旅游产品的形态帮助在北京过年的家庭接受北京本地的非遗、民俗的年味，用旅游的形式讲老北京故事。在莫干山做的乡村文旅项目也是用小居城、嘉年华的形态讲稻子生长的故事、讲农事文化。后面做的 1933 是一个讲未来世界的故事，人类到 1933 号星球上开发宇宙，探索人类文明和硅基文明和人工智能、和环境的关系等一系列课题，我们不是告诉大家应该什么样，而是在玩的过程中自己去发现和探索，这是我们这几年一直在琢磨的沉浸式体验。

第三，在疫情后重点研究的方向是数字化，我们发现现在给我们的历史性机遇有两部分：一部分是Z世代成为旅游消费的主力军，他们的追求和以前不一样，他们对于个性化、自我表达，对于情绪、情感价值链接的需求远远高于之前的旅行用户。另外一部分是科技的进步，科技在这几年有非常集中式的发展，所以给我们带来很多新的可能。一方面我们有了手段，让用户可以和沉浸式场景产生连接，比如Metacity通过可穿戴设备和整个场景物联网的终端这种通信软件、硬件的结合，可以实现用户在未来世界里面真正拥有真实的身份和真实的体验。从运营角度而言能带给我们的是收益的提升，它可以让一个用户半年内购买100多次Metacity价值500块钱的门票，因为他在这个世界里获得了存在感，给他带来了反复参与的兴趣和乐趣。另一方面是数字化的手段。就像刘老师提到的，它能用于分析，但是怎么使用它？我们现在发现有了数据意识以后，很多数字化手段可以帮助我们不局限于了解情况，而是采取行动。比如今年疫情之后路书的业务已经恢复，反过来看，现在积累的很多数字化的思维反推到原有的SAAS平台上的时候，我们又发现一件很好玩的事情，我们合作的很多目的地都在推可持续发展、可持续旅游，那怎么采取行动？每个定制师可以采取什么样的行动？所以我们正在研究用数字化的方式量化一个行程里面的所有碳排放，在行程最末端计算出整个行程的碳排放，并且提供一个绿色出行的tips，就是当他们完成这样的小举动的时候，这个行程可以降低碳排放多少，可以把所做贡献积累起来作为小积分作为对游客的奖励。用简单的数字化方法可以量化很多事情，我们可以让我们自己采取行动，让我们的合作伙伴、让我们的用户采取行动，当每个人采取行动的时候，我们想要达到的目标，比如说碳中和的目标，就更有希望实现。简单来讲，这几年的连续创业给我更大的启发就是我们要用好这些科技手段进行赋能，一方面是文化的赋能，另外一方面是科技的赋能，谢谢。

邓宁：感谢刚才几位嘉宾的分享，我设置了两轮问题，第一轮更偏向于既要脚踏实地，又要仰望星空。刚才各位嘉宾脚踏实地地根据自己的实践和实操谈了对于数字文旅不同的理解。由于时间关系，下面这一轮我们以简短的方式快速进行，我们做一些仰望星空的事情，展望一下数字文旅科技的发展。请各位嘉宾依次谈一谈对于数字文旅的一些趋势的判断，用比较具体、比较聚焦业态的视角谈谈数字文旅发展未来可能聚焦的点，谈谈我们对于未来的期许。

黎巎：未来的数字文旅一定是跟技术的发展相关。因为我是搞技术出身的，所以我觉得旅游确实需要技术，文旅的发展一定是站在技术的基础之上的，但是这只是一个口号，怎么用是非常关键的。在过去 10 年、20 年甚至 30 年之间，如果不考虑中小企业或整体水平，只考虑民航的话，其实旅游和信息技术的结合走得还是比较快的，对互联网的模式以及技术的采纳催生了 OTA。实际上旅游和技术的结合是非常深度的融合，它重构了一些产业链，产生了新的业态。那未来怎么发展呢？我觉得还是一样，就是我们的技术如何跟旅游进行深度融合以补充现有的业态，或者是产生一些新的模式使得产业链进行一些颠覆性的发展，比如现在的大模型，很多学者在做的 AI 机器人、AI 问答系统，会颠覆服务体系，所以深度结合可能是未来的趋势。

世界旅游组织预测了未来对我们产生重大影响的一些技术，当时 ChatGPT 还没出来，因此第一个是虚拟现实技术，也就是 VR/AR。现在的沉浸式等场景是年轻人特别喜欢的方式，刚才有一位专家提到新一代年轻人天生对技术有亲近性。正好今天上午上课，我让学生去讨论现在或未来谁在使用新技术？我的学生们开始是蒙的，后来我建议他们找找 ChatGPT，让大模型回答。其中找到的一个答案我觉得可以说明这个问题，未来的年轻人，也就是旅游者，我称之为天生的数字原住民，他们在使用新技术。这一类数字原住民从出生开始就对数字技术、科学技术有天生的认可和熟悉，在他们眼里已经不存在技术到底对我们是好还是坏？我们到底用不用技术？在旅游场景中技术是起促进作用还是其他作用？这些问题都不用考虑。前两天我们在讨论智慧旅游的概念，我们在讨论智慧旅游到底是一种模式还是方式。张老师说智慧旅游是我们旅游发展的趋势，可以说这就是未来旅游发展的一个非常重要的趋势。

我想再补充一点，从目的地角度看，未来北京或者其他目的地城市想要引领科技和旅游的深度融合或与文旅的深度融合，一定是和本地的特点、本地的优势资源相结合而充分体现。比如阿里位于杭州，那么杭州一定会利用这样的高新企业，再根据杭州本地的旅游吸引物的特点衍生出来特别新的东西。当然还可以利用好亚运会的遗产。所以我们对北京一直很期待，我们是科技中心，我们的高新企业、信息技术企业，深圳还是比不了的。所以我们的科技和旅游的融合，一定会产生一些引领性的内容和创新性的发展，从而带动整个科技和旅游的融合。

刘天龙：站在政府 G 端，对未来的期望主要在政府的管理能力和政府的服务能力两方面能力提升上。管理能力方面，希望实现一套科技赋能能够实现管理业态的全覆盖，能够实现全流程闭环管理机制的建立。在服务能力的提升方面，希望依托科技的赋能能够进行模式的创新，实现公共服务和市场化服务的融会贯通，促进文旅服务品质化、精准化、多元化等方面的提升。

孙博文：关于这个话题我想说的是，其实携程前段时间刚刚发布了携程问道，这是一个大语言模型，这个模型的发布在旅游业里面是比较有代表性的事件。它是携程基于大语言的大数据学习，用 AI、机器学习、数据挖掘和 ALP 这些技术整合出来一个大模型，接下来可以怎么使用这个大模型呢？很多人都来问我这个问题，集团内部也在讨论未来的趋势。我们自己本身也在引入 ChatGPT，你会发现在香港粤语站点、繁体中文站点和英文站点都有 ChatGPT 的入口，我们已经把它接进 API 的入口，现在完全可以在平台上面使用对话环节。但是语言大模型其实还不太一样，携程问道这个模型其实还是我们根据刚刚说过的这些技术手段自己研发出来的模型，接下来的使用场景可能是为游客进行用户行为的推荐，这是因为很多游客需要在手机 App 找一些灵感，这些灵感怎么获得？有可能不是通过问答形式，而是通过浏览或者是根据用户习惯的形式，我们会通过机器学习大模型的方式把有用的信息推给游客，包括新的线路、新的 PUI、新的景点、新的目的地以及新的攻略都通过这样的模型推荐给合适的人群，让他们自己能在首页上或在点击不同的页面时就能看到推荐。第二个使用场景很简单，就是客服。客服这个场景也是能够在行前、行中、行后不同的使用场景上，在与游客的交互上，真正把游客想要得到的信息和解决的问题通过大模型输出给他们，解决他们遇到的问题。未来会使用大模型把本身的排行、目的地好玩好吃好住的推荐通过大模型做一些向游客推荐的榜单，我觉得在这个阶段的用户服务当中需要以内容的输出作为比较有意义的落地的使用场景。

赵立松：这个问题我想得不太多，但是今天我想说的一点是中国旅游行业和传统大型旅游集团还未走完线上化、数字化 1.0、2.0、3.0 阶段的时候，人工智能 AI 已经到 4.0 阶段了。旅游行业的数字化转型速度偏慢于其他行业数字化转型速度，但是我觉得这不是一件坏事，它可能是整个旅游行业以及大的传统企业一个弯道超车的机会。前段时间我看 open AI 的发布会提到了破壳的问题，其实不需要我们自己研发大模型，因为它很智能，可以自主编程，如果在开放以后，结合对产业的理解把接口做好，没准儿真的是未来弯道超车的机会。

程小雨：我们在人工智能、数字化这方面做了很多尝试，刚才提到的 open AI 的发布会很有意思，因为在 open AI 发布会上提出了一个概念：只要你能跟机器聊天，你就能写程序，就可以把这个程序发布在 open AI 的 Chat store 上面赚钱。所以以后可能有些人叫作聊天创业者，通过跟机器聊天发布应用赚以前电商和游戏制作商聘请一个几百人团队赚的钱。这是一个很有意思的概念，但同时也给我们带来一种焦虑，就是人类无差别的劳动在未来世界产生的价值。其实这个地方黎教授提到了一个概念，AI 的发展对人类是好还是存在隐患？我们看过的一份报告分析了对于世界来讲的 176 个主要挑战，在包括了饥荒、自然灾害一系列重大的 176 项挑战里面，AI 在其中 130 多项挑战都是起积极作用，只在其中的 40 多项中起了消极作用。因此对于全人类来讲AI一定是推进点，所以我们一定是去拥抱它的。另外，刚刚赵总提到旅游行业在AI方面有一点落后于整个全产业，但是在我看来，恰恰有一些领域是旅游行业最容易实践的，也是最容易产生成果的。例如上海市是全国最早在“十四五”地方规划里面引入元宇宙的概念的，在经信委进行一年的调研以后发现最容易做元宇宙的场景就是在文旅场景，所以我们作为上海市首个元宇宙主题景区也算是吃了一波政策红利，在这个过程中我们尝试了几个有效和无效的地方，给大家分享一下。

有效的地方体现在现在数字人技术发展到配合AI驱动就能做很多事情，我们不仅有大语言模型，也有小语言模型，我们基于大语言模型做少量训练就可以做精准的小语言模型。现在差不多48小时就可以训练出一个小语言模型，把数字人和小语言模型进行结合以后，就可以实现数字导游和数字交互功能，我觉得这已经实践出来了。所以在给莫干山打造元宇宙项目的时候，我们引入了虚拟的城市形象代言人，这个虚拟形象代言人正在做训练，需要它具有与前往莫干山的游客进行个性化的对话和推荐的功能。我们最初有关数字人方面的尝试因为成本太高而有些想放弃，但后来又因为AI大语言模型和小语言模型的突破给了我们重新运营它的信心。

说到元宇宙虚实交互功能，不知道大家有没有听过上海一个非常成功的项目叫作“消失的法老”，我们第一次看到一个关于埃及的展览没有一个从埃及运过来的文物，它不需要文物借展，降低了运输的风险和对文物的伤害。展览采用数字化的手段在一个大而空的空间里面进行互动，大家戴上眼镜在场地走的时候可以感受到自己在一个真正的埃及金字塔内部，甚至会把你带到4500年前法老下葬、制作木乃伊的瞬间，它打破了时间和空间的限制，可以把我们带到各种各样的场景里面，这是最好的文化教学。我们现在正在做恐龙发掘的内容，也是用这样的虚拟和现实融合的技术在一些遗址里复现当时的盛景，比如看恐龙不是只看到遗址里面的恐龙蛋，我们可以走进那个世界、走到侏罗纪的早期，跟着恐龙了解它们的生活习性，小朋友们可以观察、做实验、做收集，也可以给小朋友发奖励，用这样的游戏化手段会让游学变得很有意思。沉浸式虚实融合完全可以应用在文旅场景中，并且有非常成功的案例，它不光是模式上的成功，也是在经济上的成功，3 个月内 500 平方米的一个空的、不需要任何置景的空间产生了 1000 万元的票房，这是数字化手段在文旅方面应用非常直接的一个案例。

除此之外，关于 AI 的应用，我们在今年 6 月份尝试拍了中国首个完全用 AIGC 流程制作的微电影，这也是我们目前了解到的全国第一部科幻主题 AIGC 微电影。以前做这些内容，比如做动画，要从分镜到三维建模，整个工艺流程 1 分钟至少 10 万 ~20 万元的成本，用了 AIGC 流程之后，在完成同样的任务的同时削减了 90% 的成本。也就是说，未来讲好中国故事、去创造这些场景的时候，也可以用 AI 的手段真正实现降本增效，使好的作品得以不断涌现。这些是我们走在工业领域前面的技术，对于文旅来讲非常实在，是眼下就能摸得见的机会，不需要等好多年再从别的工业领域迁移并将其用到文旅领域。谢谢。

邓宁：我认为刚才几位嘉宾谈的点比我想象的要聚焦，我非常认同，总结下来主要聚焦于三个点：AIGC、VR、大模型。记住这三个点，明年写绿皮书的同志们就有题材了。因为今天我们是圆桌论坛，刚才嘉宾举的例子可能缺乏一些实际的图片和视频的展示，建议在座的研究生同学可以查查有些项目，我觉得挺值得自己看看。今天的圆桌论坛意犹未尽，还设置了点评环节，所以我把总结的任务交给李云鹏教授。李老师也是在智慧旅游领域非常资深的专家，有请李老师进行点评。

李云鹏：首先，总结谈不上，我觉得每位嘉宾讲得都非常精彩，我基于这些嘉宾讲的内容给各位分享一下我的想法。

首先，大家对未来的事情有许多具体的期待，比如像黎巎教授智慧旅游的城市标准尽快出台，邓宁教授参与的智慧旅游创新行动计划能够闪亮登场，我们也期待北京市能够在数字文旅新的热潮当中重新回到前沿位次，当然我们也期待未来在科技应用上能有像程总所讲的领先于其他传统行业的新的应用或者创新的模式。

对未来我们的期待还有很多很多，比如几位嘉宾讨论非常多的大模型的创新，当然也需要跟大家分享一个其中的风险点，这也是人工智能学界经常讨论的一个问题。从理论上来讲大模型给我们提供这么好的工具，我们应该开展我们的业务，但最大的风险是如果都给了大模型平台，反过来这些大模型平台轻而易举就能替代你去做你所熟悉但没有它效率高的工作，这是非常大的风险。所以很多企业不太愿意使用，这是最大的顾虑。当然这个问题怎么解决目前还不是特别清楚，未来的希望是行业内企业使用大模型平台进行创新且不被大模型平台所替代。

我们对未来有更多好的期待。比如期待大模型能够颠覆现在的服务，这种颠覆包括流程上的颠覆，如智能问答服务。传统问答服务在整个旅游行业和旅游企业业务中是附属服务的模块，但是未来基于大模型的超强能力，这种智能问答服务完全有可能成为所有业务的先导，在了解消费者的个性化需求、引导顾客购买产品、提供针对性和个性化的解决方案等方面，它可能会成为先导，基于此形成对后续产品和供应链的组合。我想未来我们应该有所准备，如果能真正把这种能力变成先导业务的话，应该是非常大的市场创意机会，或者领先传统企业的机会。此外还有基于数字化本身所形成的未来期待，比如很多新的治理模式，或者是协同的创新等方面。在这些方面，未来我们应该从数字化角度更多关注基于供应链的数字化的能力，也就是说通过有效的供应链的协同来提升产业运行效率，这已经是非常迫在眉睫的问题了。我们如果真正重拾旅游业作为现代服务产业的定位，但是整个数字化供应链的能力跟不上，那么后面就无从谈起。

除了期待之外，我们还考虑通过数字化的能力实现原有的业务或者原有流程的重构。基于数字化的创新，并不是说和原有业务剥离，反而应该是一体化的。而且并不是只有大企业才有数字化能力，很多中小企业完全可以基于数字化平台，比如低代码平台完成数字化业务的重构，实现个性化定制，比如会低代码平台的工程师几个月就能做出一个个性化定制的基本的业务原型，这种业务原型再经过几个月的训练，或实际业务的反复融合和试验，完全可能使一些中小企业快速走上数字化的台阶。有了数字化能力，将来就可以和大的企业建立非常快捷的供应链合作关系，对业务即时的反应能力对文旅大量的业务形成了非常有效的支撑。

我想说的最后一点是基于数字化的文旅应该形成有效的生态系统，生态系统里面需要大量的参与者，参与者会发挥自己的作用，尽管生态里面会存在恶性竞争，但是我想不可能影响到生态系统长期向好的发展。我认为疫情结束以后这种生态系统不仅要改变原有的业务模式，更重要的是要改变思维方式，采用数字化的思维方式考虑我们如何由一个原来封闭经营的体系，变成一个开放的基于数字化能力重构以及业务重整的思维模式来解决现在的问题。比如今天上午谈到了携程把对酒店来讲的百分之多少的收益分走，但是反过来看，这些酒店正是没有充分运用社会上强大的数字化资源和能力。无论是作为单品还是集团酒店、无论大小、无论是什么样主题的酒店，完全可以自己重构数字化能力，把管理变得扁平化，使决策变得很高效，所有的管理应该都在一线，大家通过移动办公方式实现业务的自动分发、自动处理、自我管理和治理，而不是用传统的开会模式来进行治理。所以我想，通过这样的例子可以看到，一个企业，特别是文旅企业，如果未来不在数字化转型的浪潮中把自己所有的东西进行重构，就只能像以前一样转交给数字化平台和机构，给它们打工。

总的来讲，今天各位嘉宾谈到了数字文旅和对未来科技的期望，我们还是非常积极地以正向的方式去考虑未来科技和旅游，以及文旅业务的融合，这种融合会加速。无论是产业界的参与者还是在座的学生，都要拥有建构数字化的能力，通过学习和各种方式来了解数字化，把数字化应用于未来解决某个具体业务。就像昨天我们上课讲到一个例子，联想把本来用来解决联想内部的电脑销售的售后问题的智慧客服的智慧魔方变成平台化服务，提供给一些智慧城市的大拿，提供给手机约车、平安保险这样的机构。未来在整个数字文旅的生态当中有一部分企业并不是旅游企业，但是会把数字化能力提供给文旅企业，这是一种可能的发展趋势。

邓宁：非常感谢李云鹏教授精彩的点评，我们的时间虽然超了，但是凑了个整，刚好 5 点。今天最后一场圆桌论坛为全天的圆桌论坛画上了完满的句号，再次感谢各位嘉宾精彩的发言。

受大会委托，受领导和学院委托，还是我留守最后的“战场”。随着圆桌（四）的结束，这次北京对话也接近尾声，从早晨到傍晚，我觉得今天是非常充实的一天，是头脑激荡的一天。我们今天主要讨论的话题是“践行国家战略　释放文旅潜力”，我也不再赘述。今天听了一天的会议，有各位大咖高屋建瓴的主旨演讲，也有四个不同的分论坛，分别从消费、入境、数字化和文旅融合展开探讨，这些都是近期行业里面最热门的词。归根结底，我觉得提振消费是一个阶段性的目标，但根本性的消费提升还是有赖于文化和旅游行业，特别是今天出席的旅游人能够从自身出发去打造好的内容。在当下的旅游领域中，内容为王更加具有现实意义，能对行业高质量发展起到行稳致远的作用。我们每个人既是游客，未来也会进入这个行业，所以我们坚信有好的产品，能够提供好的产品供给，才能够赢得更多消费，实现提振消费的目标。

我们今天第十八届中国旅游发展·北京对话暨 2023 年北京“践行国家战略　释放文旅潜力”峰会顺利闭幕，再次感谢大家的莅临，谢谢！